TROCANDO EM MIÚDOS
SEIS VEZES CHICO

TOM CARDOSO

TROCANDO EM MIÚDOS
SEIS VEZES CHICO

1ª edição

EDITORA RECORD
RIO DE JANEIRO • SÃO PAULO
2024

CIP-BRASIL. CATALOGAÇÃO NA PUBLICAÇÃO
SINDICATO NACIONAL DOS EDITORES DE LIVROS, RJ

C268t

Cardoso, Tom
  Trocando em miúdos : seis vezes Chico / Tom Cardoso. - 1. ed. - Rio de Janeiro Record, 2024.

  ISBN 978-85-01-92122-2

  1. Buarque, Chico, 1944-. 2. Compositores - Brasil - Biografia. 3. Música popular - Brasil. 4. Brasil - Política e governo. I. Título.

23-87521

CDD: 782.421640981
CDU: 929:78.011.26(81)

Gabriela Faray Ferreira Lopes - Bibliotecária - CRB-7/6643

Copyright © Tom Cardoso, 2024

Pesquisa iconográfica: Joana Schwab

Fotos do encarte: 1. Madalena Schwartz/Acervo Instituto Moreira Salles | 2. Guilherme Bastos/Agência O Globo | 3. Arquivo Nacional, BR_RJANRIO_PH_0_FOT_26011_001 | 4. Fotógrafo não identificado/Coleção Nelson Motta/Museu da Imagem e do Som | 5. Ivan Klingen/Coleção Sérgio Cabral/Museu da Imagem e do Som | 6. Fotógrafo não identificado/Coleção Nara Leão/Museu da Imagem e do Som | 7. Ricardo Borges/Folhapress | 8. Arquivo/Agência O Globo | 9. Alcyr Cavalcanti/Agência O Globo | 10. David Zingg/Acervo Instituto Moreira Salles | 11. Arquivo Nacional, BR_RJANRIO_PH_0_FOT_26011_039 | 12. Arquivo/Agência O Globo | 13. Otávio Magalhães/Agência O Globo | 14. Jorge Araújo/Folhapress | 15. Rafael Andrade/Folhapress | 16. Helena Celestino/Agência O Globo | 17. Arquivo Nacional, BR_RJANRIO_PH_0_FOT_26011_057 | 18. Paulo Araújo/Agência O Globo | 19. Fotógrafo não identificado/Coleção Sérgio Cabral/ Museu da Imagem e do Som

Todos os esforços foram feitos para localizar os fotógrafos das imagens reproduzidas neste livro. Nossa intenção é divulgar o material iconográfico que marcou uma época, sem qualquer intuito de violar direitos de terceiros. A editora compromete-se a dar os devidos créditos numa próxima edição, caso os autores as reconheçam e possam provar sua autoria.

Todos os direitos reservados. Proibida a reprodução, armazenamento ou transmissão de partes deste livro, através de quaisquer meios, sem prévia autorização por escrito.

Texto revisado segundo o Acordo Ortográfico da Língua Portuguesa de 1990.

Direitos exclusivos desta edição reservados pela
EDITORA RECORD LTDA.
Rua Argentina, 171 – Rio de Janeiro, RJ – 20921-380 – Tel.: (21) 2585-2000.

Impresso no Brasil

ISBN 978-85-01-92122-2

Seja um leitor preferencial Record.
Cadastre-se no site www.record.com.br
e receba informações sobre nossos
lançamentos e nossas promoções.

Atendimento e venda direta ao leitor:
sac@record.com.br

Para Wal Adams

Sumário

Prefácio, por Tárik de Souza	9
1. Política	17
2. Literatura	67
3. Fama	99
4. Polêmicas	129
5. Censura — e autocensura	155
6. Futebol	175
Notas	199
Bibliografia	207
Discografia, bibliografia e peças de Chico Buarque	209
Índice onomástico	273

PREFÁCIO
Seis faces do gigante que brinca nas onze
Por Tárik de Souza

Polímata de gêneros, linguagens e posturas estéticas, Chico Buarque se transformou num dos maiores nomes da cultura brasileira de todos os tempos. Em quantidade e qualidade. Refinamento e disseminação. Nicho de mercado e larga capilaridade. Suas composições ressoam nas vozes ecléticas de Nara Leão, Maria Bethânia, Ney Matogrosso, Gal Costa, Cauby Peixoto, Fafá de Belém, Caetano Veloso, Zizi Possi, António Zambujo, Mônica Salmaso, Elis Regina, Milton Nascimento, Roberta Sá, Claudette Soares, MPB4, Eugénia Melo e Castro, Quarteto em Cy. E ainda: Djavan, Elza Soares, Leila Pinheiro, Gilberto Gil, Verônica Sabino, Alaíde Costa, Zé Renato, Agnaldo Timóteo, Adriana Calcanhoto. E muitos(as) mais, além de sua própria e inconfundível interpretação, vencidas resistências pessoais: "O que também me atraiu na bossa nova foi a estética da timidez. Você é o compositor que canta com seu violão, protegido. O tropicalismo quebrou isso e me deixou um pouco atordoado", admitiu em entrevista.

Imediatamente reconhecido como pilar da música nacional, a partir do estrondo festivalesco de sua cândida marchinha "A banda", de 1966, foi o mais jovem depoente para o Museu da Imagem e do Som, mas recusou a "chicolatria", do que o acusavam detratores. Rompeu precocemente com a imagem de bom moço, seguidor das tradições, na corrosiva peça teatral *Roda viva*, dirigida pelo vanguardista Zé Celso Martinez Corrêa, no explosivo ano de 1968. Os paramilitares do Comando de Caça aos Comunistas (CCC) invadiram camarins para espancar os artistas, que afrontavam a ditadura vigente com um texto que não media palavras e palavrões.

Este e outros abrasivos episódios vividos por tal onipresente gigante cultural do país, em várias de suas facetas (política, literatura, fama, polêmicas, censura e autocensura, futebol), são esmiuçados nas páginas deste *Trocando em miúdos: seis vezes Chico*, do jornalista Tom Cardoso. Ele é autor de mais perfis musicais impactantes, como *Outras palavras: seis vezes*

Caetano (2022) e *Ninguém pode com Nara Leão: uma biografia* (2021), além da sarcástica biografia do jornalista do Pasquim, *Tarso de Castro: 75 kg de músculo e fúria* (2005), e ainda os estarrecedores *O cofre do Dr. Rui: como a Var-Palmares de Dilma Rousseff realizou o maior assalto da luta armada brasileira* (2011) e *Se não fosse o Cabral: a máfia que destruiu o Rio e assalta o país* (2018).

Nesta instigante biografia, Chico é submetido, desde o início, à lupa aguçada do repórter, que o flagra aos 14 anos, em 1958, quem diria, integrando o movimento ultramontano, uma organização de extrema direita católica, no colégio Santa Cruz, em São Paulo, onde estudava. A "piração", como ele próprio descreveu mais tarde, durou pouco. Filho do politizado historiador Sérgio Buarque de Holanda, antigetulista militante da Esquerda Democrática – que se candidatou a vereador, em 1946, pelo Partido Socialista Brasileiro –, Chico foi enviado a um internato em Cataguazes, Minas, para desfazer a lavagem cerebral. E ao voltar ao Santa Cruz, passou para outro movimento religioso, a Organização de Auxílio Fraterno (OAF), este ligado aos ideais do colégio, fundado por padres canadenses marxistas.

Embora tenha alegado certo repúdio ao tema – "fazer política não me dá nenhum prazer, faço porque acho que é uma obrigação" –, a trajetória do artista o colocou na linha de frente muitas vezes. Fez jingle para a campanha do sociólogo Fernando Henrique Cardoso ao Senado, em 1978. FHC perdeu, mas virou suplente, e lançou-se na política, onde alcançaria a presidência por duas vezes. Logo na primeira delas, o cantor se distanciou do sociólogo, por conta da aliança com o PFL, do político direitista Antonio Carlos Magalhães. E rompeu de vez, com a aprovação do direito à reeleição, ocorrida sob suspeita de compra de votos. "Ele estragou a própria biografia", decretou Chico.

Além de inúmeras canções, Chico também teve uma de suas peças, *Ópera do malandro*, censurada pelo Ministério da Justiça, uma nítida represália do governo militar. Na primeira eleição direta para governador do Rio, o compositor acreditou que a melhor maneira de derrotar os militares era apoiar o então candidato do PMDB, Miro Teixeira, que disputava com o preferido da esquerda, Leonel Brizola. Foi criticado pela ex-aliada Nara

PREFÁCIO

Leão e por outros colegas da cena cultural à esquerda. Todos voltaram, no entanto, a reunir-se na campanha pelas Diretas Já, cujo hino foi o então recém-lançado samba-enredo de Chico em parceria com Francis Hime, "Vai passar". Não era só o pai o politizado. A mãe de Chico, dona Maria Amélia, foi também uma das fundadoras do PT e aliada de primeira hora de Lula.

O enfrentamento político também se deu pelo lado estético, como arrola Tom Cardoso em episódios mirabolantes no capítulo "Censura e autocensura". A começar, em 1965, pelo veto à ingênua sátira ao almirante Tamandaré, patrono da Marinha brasileira, um dos heróis da guerra do Paraguai, confinado pela Casa da Moeda a uma mísera nota de um cruzeiro. "E este mar não dá pé // Tamandaré / Cadê as batalhas / Cadê as medalhas / Cadê a nobreza?" À indignação fardada, Chico reagiu com humor, prometendo uma campanha para que o almirante fosse promovido da nota de um para a de vinte cruzeiros. Não acharam graça, e mandaram recolher as 6 mil cópias da gravação da música pela atriz Odete Lara, com quem o compositor dividia o show "Meu refrão", em 1966. Era apenas o princípio da saga, que lhe traria grandes aborrecimentos ao longo da carreira.

Exilado na Itália no começo de 1969, logo após o AI-5, onde iria ficar dois meses e permaneceu um ano e meio, Chico voltou e logo desferiu um míssil contra o recrudescimento da ditadura. O estupendo samba "Apesar de você" passou na censura como mera querela amorosa, a despeito das advertências sombrias de parte da letra ("Você vai se dar mal / Etc. e tal"). A censura só retirou o disco de circulação após 100 mil exemplares vendidos e a sagração como um hino anti-Médici, o ditador de plantão. As cópias remanescentes foram destruídas, e até a fábrica da gravadora multinacional Philips, no Rio de Janeiro, foi interditada.

Sob marcação cerrada, Chico perpetrou o álbum *Sinal fechado*, em 1974, só com composições alheias, por esse motivo mais facilmente liberado. Só que... "Acorda amor", uma das faixas mais farpadas, que alertava para as incursões noturnas da repressão na casa de possíveis suspeitos de subversão (a do sagaz refrão invertido: "Chame o ladrão / Chame o ladrão"), vinha assinada por uma dupla de autores desconhecidos: Julinho da Adelaide e Leonel Paiva. Dois outros petardos de Julinho, não incluídos no disco, vieram à tona. "Milagre brasileiro" ("Quanto mais trabalho / Menos vejo dinheiro") e "Jorge Maravilha", numa cadencia funkiada à la Jorge Ben, outra letra que fez história pelo refrão: "Você não gosta de mim / Mas sua filha gosta". Na época – já desmascarado o heterônimo utilizado por Chico para driblar a censura –, acreditou-se que a indireta do autor visasse Amália Lucy, a filha única do general Ernesto Geisel, o ditador da vez, apreciadora de sua música.

"O problema é que quando a versão é mais interessante que o fato, não adianta você querer desmentir", resignou-se ele. "Aquela música falava de uma situação que eu vivi muito: os caras do DOPS iam me prender e (...) pediam para eu autografar discos para as filhas." Pelo menos no Departamento de Censura, esta nova finta do artilheiro não angariou fãs: a partir daí, junto com a letra, seria obrigatória a apresentação do documento de identidade do autor, para que não se fabricassem novos Julinhos...

Tom Cardoso escancara em especial os embates apimentados pelas rivalidades competitivas dos festivais entre Chico, considerado um seguidor das tradições da MPB, e os tropicalistas, que pretendiam "derrubar as prateleiras / as estantes, as estátuas / as vidraças, louças, livros", como pregava "É proibido proibir", de Caetano Veloso. Tom Zé, outro militante do movimento, debochou, em entrevista ao programa da apresentadora Hebe Camargo: "Gosto muito do Chico, afinal ele é nosso avô." O alvejado devolveu a provocação, num artigo de jornal com uma frase que se tornou célebre: "Nem toda loucura é genial, nem toda lucidez é velha." Na Bienal do Samba, defendendo sua concorrente, "Bom tempo", Chico teria flagrado, no comando da vaia, Gilberto Gil, algo que não se confirmou na época. Mas restou a reclamação magoada do atingido. "Fiquei um pouco desconcertado pela atitude do meu amigo, um homem sabidamente isento de preconceitos. Foi-se o tempo em que ele me censurava amargamente, numa roda revolucionária, pelo meu desinteresse em participar de uma passeata cívica contra a guitarra elétrica."

Mais adiante, uma versão mal-ajambrada na voz de Caetano do samba--canção de Chico, "Carolina", atiçou mais os ânimos. "Será que ele gravou de boa-fé, ou de má-fé? Achei que ele cantou muito perto do microfone

PREFÁCIO

e o violão [de Gil] está mal tocado", reclamou o autor. A querela acabou em show da dupla, promovido por um empresário amigo em comum, no teatro Castro Alves, na Bahia, gravado no disco *Caetano e Chico juntos e ao vivo*, em 1972, lançado com grande sucesso, apesar da supressão de parte de algumas letras. Gil e Chico viraram parceiros na ebuliente "Cálice", cujo duplo sentido político era o "cale-se" geral imposto pela ditadura. No evento coletivo da gravadora Phonogram a que pertenciam, a Phono 73, a dupla autoral foi proibida de cantar a letra. Ficou apenas com o refrão e a parte instrumental. Mesmo assim, os microfones foram desligados pela empresa, que temeu a reação dos militares. Sem som nos cinco aparelhos, Chico gritou a plenos pulmões para a plateia ouvir: "Filhos da puta!"

Cardoso também examina as relações do compositor com o assédio gerado pela fama e pelo reconhecimento público. "Falam que o artista faz música para pegar mulher. Mas aí, geralmente, acontece o contrário, o artista inventa uma mulher para pegar a música", pilheriou Chico. Ele teve diversas musas, como a socialite Eleonora Mendes Caldeira, para quem teria feito "Morena dos olhos d'água". Afamado por suas fulminantes canções de eu lírico feminino ("escrevi músicas para mulheres cantarem, porque temos mais compositores homens que mulheres"), ele acabou enredado num escândalo típico de popstar perseguido por paparazzi. Desde os anos 1980, passou a só conceder entrevistas a jornalistas ou publicações de absoluta confiança. "Já houve quem se utilizasse da minha amizade para obter informações usadas depois indevidamente", justificou.

A despeito de sua incomensurável presença na música, Chico Buarque também conseguiu edificar uma sólida carreira paralela como escritor. Em **entrevista ao** jornal argentino *Clarín*, em 1999, confessou que se via como um artista mais inovador na literatura do que nas letras de suas canções. "Eu lia muito quando era pequeno, lá em casa as paredes eram cobertas de livros, eu queria ser escritor", admitiu o filho do autor de *Raízes do Brasil*, livro clássico sobre a civilização brasileira. Depois de nove meses trancado no quarto, para a tristeza das filhas pequenas, Chico debutou na literatura com *Fazenda modelo: novela pecuária*, em 1974. Ao longo dos anos, Chico publicou mais sete livros, acumulando prêmios e consagração no meio literário. Em 2019, recebeu o alto prêmio lusitano, Camões, pelo conjunto de sua obra. O então presidente da República Jair Bolsonaro, no entanto, se recusou a chancelar o prêmio ao autor, episódio comemorado por Chico e aqui narrado em detalhes.

Trocando em miúdos não termina em samba, mas "Futebol". Com uma mãe fanática pelo Fluminense carioca, Chico tentou profissionalizar-se, começando, literalmente, de baixo. Quando ainda morava em São Paulo, tentou o humilde, mas simpático, Juventus, chamado de "o moleque travesso da rua Javari", no bairro da Mooca. Mas não foi aceito. No exílio, além de auxiliar o craque também imigrado Garrincha, chegou a atuar no meio campo de um time semiamador em Roma. De volta, integrou o Menopausa Futebol Clube, de Paulinho da Viola, mas em 1978, equacionou sua fome de bola. Comprou cinco lotes no então quase desabitado Recreio dos Bandeirantes, na Zona Oeste do Rio, e fincou sua bandeira, a do clube Politheama.

Ao lado da sede do time, começou a crescer a favela do Terreirão. "Chico mandou construir mais dois campos, para qualquer pessoa da favela que quisesse jogar bola, e montou uma ONG no Terreirão. Dei aula de música muitos anos ali", contou o compositor Hyldon, quarto zagueiro perseguidor implacável do Chicória, como o compositor é chamado pelos amigos. Outro assíduo nas pelejas, o violonista e compositor Guinga define o dono da bola. "O futebol é profissão de fé do Chico e sua razão de viver. Toda vez que ele faz alguma cirurgia, acham que ele vai parar. Na última operação, na coluna, ele trouxe o médico dele, um cara forte, bom de bola, para jogar com a gente. Ele está sempre garimpando os melhores. Para ganhar. Se Chico gostasse de perder, não seria o compositor que é. Ele gosta de competir. Na música compete consigo mesmo, num nível altíssimo", distinguiu.

Resumindo este suculento *Trocando em miúdos*, de Tom Cardoso, em bom futebolês: criador incansável, atleta resiliente, destemido gladiador nas adversidades, Chico Buarque brinca nas onze.

1. POLÍTICA

Desmantelar a força bruta

Cantor de protesto uma ova. A política nunca tornou Chico um compositor melhor. É o que ele mesmo acha. "Se ela interferiu na minha criação, foi de forma nociva. Minhas músicas mais marcadamente políticas são as que têm menor qualidade estética."[1] Mesmo nos momentos em que se pedia – e se cobrava – maior engajamento, Chico militou muito mais por necessidade do que por gosto. "Fazer política não me dá nenhum prazer. Faço porque acho que é uma obrigação."[2]

A ditadura fez de tudo para torná-lo um compositor bissexto, censurando até assobios. Foram muitos os momentos em que sua atividade ficou completamente dependente dos favores e humores das autoridades. Músicas foram deixadas de lado, peças canceladas, versos refeitos.

Sendo contra ou a favor, a política só lhe rendeu aporrinhações. Em 1982, envolveu-se com tal intensidade na campanha de Miro Teixeira para o governo do Rio – candidatura responsável por dividir a esquerda local, em parte fechada com Leonel Brizola – que, em certos momentos, o militante perigosamente tomou conta do compositor. "Na hora de dormir eu misturava o Miro Teixeira com a bailarina do circo e o Brizola com o trapezista."[3] Na época, Chico compunha com Edu Lobo canções para o balé *O Grande Circo Místico*.

Pai de Chico, o historiador Sérgio Buarque de Holanda contribuiu decisivamente para a formação política dos filhos. Antigetulista devoto, pertencente à Esquerda Democrática, ensaiou uma entrada na vida pública – candidatou-se a vereador em 1946 pelo Partido Socialista Brasileiro. Faltou-lhe traquejo. "Naquela eleição fui derrotado, vergonhosamente, é preciso enfatizar. Eu não tinha jeito para pedir votos, direta ou indiretamente."[4]

A timidez para o corpo a corpo eleitoral abreviou a carreira política, mas nunca impediu Sérgio Buarque de se posicionar, e de forma veemente quando necessário, contra qualquer forma de autoritarismo – no fim dos anos sessenta, deixou a Faculdade de Filosofia, Letras e Ciências Humanas da Universidade de São Paulo em solidariedade a colegas cassados pela ditadura militar. Quarenta anos antes, provocou confusão ao liderar um protesto antifascista durante a Semana de Arte Moderna de 1922.

Daí o desgosto do historiador ao constatar que um dos seus filhos estava envolvido de corpo e alma com uma corrente católica de ultradireita. Em 1958, aos 14 anos, Chico e outros alunos do Colégio Santa Cruz se juntaram ao movimento ultramontano, que viria a ser um dos embriões da TFP (Tradição, Família e Propriedade), organização fundada dois anos depois pelo líder católico Plínio Corrêa de Oliveira.

Chico foi visto mais de uma vez no apartamento de Plínio Corrêa, no centro de São Paulo, carregando uma bíblia e uma raquete de pingue-pongue. Para se tornar um cavalheiro ultramontano, ensinava Carlos de Sá Moreira – professor de História Geral do Santa Cruz e responsável por aliciar 16 dos 25 alunos do então terceiro ano ginasial, entre eles Chico –, eram necessários alguns sacrifícios, como passar boa parte do dia rezando e abrir mão de hábitos profanos, como jogar futebol, por exemplo.

Colega de classe de Chico e um dos seus melhores amigos, Joaquim de Alcântara Machado, que também se deixou seduzir pelas teorias ultramontanas, conta, em depoimento ao autor, como os dois embarcaram nas mirabolantes teses do professor de História:

> Foi uma espécie de transe coletivo. O Sá Moreira era um cara muito sedutor. Ensinou a gente a dirigir, na kombi dele. Passava slides de filmes sobre as Cruzadas, sempre valorizando a ideia de heroísmo. Dizia que na hora do Juízo Final só escapariam da espada justiceira dos anjos do Senhor aqueles comprometidos com a causa ultramontana. As reuniões eram na casa da mãe do Carlos e eventualmente no apartamento do Plínio Corrêa de Oliveira, que também funcionava como

POLÍTICA

sede do jornal *O Catolicismo* – lembro que o Chico chegou a escrever alguns artigos. Deixamos de fazer coisas que a gente adorava, como jogar bola e flertar com as garotas. O futebol era considerado por eles um esporte "sujo", "selvagem", em que os homens se encostavam, quase sempre suados. Passamos a jogar só peteca. As meninas da escola e do bairro também tinham que ser evitadas, principalmente as que vestiam jeans e camiseta. Não percebemos o quanto tudo aquilo era ridículo. Pra gente, era algo aventuroso – o futuro da humanidade estava nas nossas mãos.

Joaquim lembra que ele e Chico só escaparam de se tornar cavaleiros da TFP graças à intervenção de familiares e da direção do Colégio Santa Cruz, fundado por padres progressistas:

O padre Cláudio, que era o nosso professor de Matemática, foi o primeiro a perceber que alguma coisa estava errada. A direção do Santa Cruz decidiu demitir o Sá Moreira e conversar com os pais dos alunos envolvidos com o movimento. Os meus ficaram horrorizados. Os do Chico mais ainda, tanto que decidiram enviá-lo para um internato em Cataguases [Minas Gerais]. Isso foi no segundo semestre de 1958. O Chico sumiu. Em janeiro de 1959, Maria Amélia, mãe de Chico, ligou para os meus pais para avisar que ele estava de volta e que ia passar, como sempre fazia, parte do verão em Itanhaém [litoral sul de São Paulo], onde a gente tinha casa. Eu fiquei muito apreensivo, queria saber se o Chico tinha mudado ou se estava ainda naquela onda de heroísmo, de espada justiceira. Eu já estava em outra. E queria que o melhor amigo também estivesse. O ônibus que vinha de São Paulo para Itanhaém sempre parava no começo da praia. A nossa casa ficava na outra ponta. Eu lembro da minha angústia e ansiedade vendo o Chico caminhar na minha direção. Quando finalmente ele parou, na minha frente, só disse uma frase: "Que piração foi aquela, Joaquim?"

Chico, em algumas entrevistas, fez questão de dizer que o envolvimento com a causa ultramontana se deu exclusivamente em termos religiosos, "e que não tinha nada de 'político e ideológico'".[5] Mas é difícil imaginar Chico implicando com as calças jeans e minissaias das meninas, pregando a castidade e a preservação de outros valores tradicionais da Igreja Católica sem que isso contaminasse sua maneira de ver o mundo.

A TFP da qual Chico escapou esteve na linha de frente da Marcha da Família com Deus pela Liberdade, ocorrida em São Paulo no dia 19 de março de 1964 – milhares de pessoas manifestaram-se em resposta ao histórico comício do presidente João Goulart, seis dias antes, na Central do Brasil, no Rio de Janeiro, em que defendia as reformas de base. Jango foi deposto pelos militares, com o apoio de grande parte da Igreja Católica e do empresariado, no primeiro dia do mês seguinte.

O ano de 1959, da volta do internato – e aos bancos escolares do Santa Cruz –, testemunhou o desabrochar de um novo Chico, também forjado a partir do contato como um movimento religioso, a Organização de Auxílio Fraterno (OAF), esse sim estreitamente ligado aos ideais do colégio, fundado por padres canadenses marxistas.

> A gente ia de noite, assim um grupo pequeno, com umas Kombis, à Estação da Luz, levar cobertor (...). Tomei contato com esse submundo de São Paulo, com a miséria mesmo. Você pode ver em filme, ler a respeito, mas você presenciar é outra coisa (...). É muito importante um cara de 16 anos, de uma escola de elite, tomar contato com isso (...). A experiência somou muito na minha vida.[6]

Chico não virou um ativista, mesmo depois de se aproximar dos padres progressistas, muitos ligados à Teologia da Libertação, corrente de esquerda – e minoritária no episcopado brasileiro –, para a qual não era possível separar a fé cristã da luta contra as desigualdades. Na juventude, ele se manteve razoavelmente distante de grêmios e diretórios – achava, por exemplo, as reuniões organizadas pelo PCB (Partido Comunista Brasileiro) um tributo à chatice e ao tédio.

POLÍTICA

O que não o impediu de tomar posição a favor do regime de Fidel Castro durante a chamada Crise dos Mísseis, em outubro de 1962, quando os Estados Unidos ameaçaram invadir Cuba por causa da instalação de mísseis soviéticos em seu território. E até se aprontou "militarmente" para agir contra o Golpe de 64. Mas não foi convocado ao combate, não houve uma mobilização geral. A frustração o afastou ainda mais das discussões políticas:

> Eu achava mesmo que ia ter uma reação. Eu estava preparado, tinha uma garagem cheia de garrafas de coquetel molotov. Fiquei esperando e a resistência não veio. Nada aconteceu. Só quem resistiu foi o Brizola no Sul. Aí me deu uma desilusão. De certa forma, me despolitizei depois do golpe. Toda a atividade estudantil ficou desmobilizada. Não fui chamado para a luta armada, talvez naquele momento eu tivesse ido.[7]

Quando Chico, no começo da carreira, compôs "Pedro pedreiro" e "Marcha para um dia de sol", parte da militância de esquerda enxergou nele um novo Geraldo Vandré. Ele tratou logo de desfazer a confusão, compondo uma singela e despretensiosa marchinha em plena ditadura militar. E de quebra ajudou a amiga Nara Leão, na época igualmente patrulhada. "A banda" nasceu como uma resposta de Chico aos oportunistas que cobravam engajamento alheio, mas não colocavam a mão na massa:

> Havia sim uma discreta condenação por parte da esquerda, que ainda insistia em ouvir o grito de "Opinião", o grito de "Carcará" etc. Nara, aliás, me acompanhou nesse movimento porque ela também já estava cansada dessa tal música de protesto que se fazia então, que não passava das portas do teatro e que, no fim das contas, era ineficaz. "A banda" era uma retomada do lirismo, proposital mesmo.[8]

Mesmo após o recrudescimento da ditadura que culminaria com a decretação, em dezembro de 1968, do AI-5, o mais repressivo dos dezessete atos institucionais baixados pelos governos militares, Chico seguiu longe de qualquer atividade política, ainda mais cético quanto à eficácia e representatividade dos movimentos estudantis contrários ao regime.

> De repente, a desativação do que seria a resistência me deixou muito frustrado e até amargo em relação a uma série de pessoas e de grupos de esquerda mesmo. Portanto, 1968 me passou superdespercebido, porque eu não estava muito acreditando naquelas coisas não. Aí foi até um caso de ressentimento pessoal. Vendo os líderes que eu conhecia, eu me dizia: "Esse cara não vai ser meu líder não!" Ao contrário de muita gente da minha geração, eu me envolvi muito mais em 1963 do que em 1968.[9]

As críticas da esquerda a Chico aumentaram depois que, em pleno 1968, ele compôs "Bom tempo", uma referência ao sonho igualitário e à volta da democracia (retornaria ao tema, com mais contundência, em "O que será"). Os patrulheiros não entenderam nada. "Pessoas vieram pichar porque era uma música otimista, uma coisa assim e tal. Realmente, porque você está enquadrado dentro de um negócio, eu era considerado conservador, reacionário não, conservador. 'Fatalista conservador', como diziam."[10]

Com o patrulhamento, Chico pensou em não comparecer à Passeata dos Cem Mil, como ficou conhecida a mais importante manifestação contra a ditadura, organizada pelo movimento estudantil (com a adesão de diversos setores da sociedade civil) e que tomou as ruas do centro do Rio no dia 26 de junho de 1968. Na última hora, mudou de ideia. "Eu me arriscava a ser confundido com um reacionário se não fosse a essa passeata."[11]

Havia quem já o condenava pelo simples fato de ser incensado por alguém como Nelson Rodrigues, este sim um reacionário confesso, fã declarado do compositor: "Desde a sua primeira audição, 'A banda' se instalou na História (...) Imaginem vocês que um dia desses entro em casa e encontro minha mulher e minha filhinha Daniela com olhos marejados. Acabavam de ouvir 'A banda'. Dias depois, eu próprio ouvi a marchinha genial."[12]

POLÍTICA

O dramaturgo muitas vezes usou a coluna em *O Globo* para defender o regime militar e atacar os opositores. Seus elogios se tornaram ainda mais constrangedores para Chico quando acusou o diretor José Celso Martinez Corrêa de ter alterado o sentido da peça *Roda viva*, escrita pelo compositor, para torná-la "agressiva" ao público presente ao Teatro Oficina – um bom-moço como o jovem autor, defendia Nelson Rodrigues, jamais seria tão afrontoso.

Ao ser encenada, *Roda viva*, uma crítica à indústria cultural e à violência institucional, tomou, de fato, um rumo muito diferente do imaginado por Chico – e pelo próprio Zé Celso, que não fez qualquer mudança na obra original. As excessivas liberdades com o texto, que deram mais vida à peça, a primeira escrita por Chico, ocorreram no palco, no andamento dos ensaios, criadas pelos próprios atores.

Chico estruturou a peça com um coro de quatro atores, como num musical tradicional – um backing vocal. No dia marcado para a seleção do quarteto, os papéis foram ocupados por treze estudantes de teatro, que, enlouquecidos, improvisavam a todo momento, transformando o desabafo quase juvenil do estreante dramaturgo numa selvageria cênica, que interagia, sem qualquer barreira e pudor, com a plateia. Zé Celso adorou.

Chico também. Em entrevista ao *Pasquim*, em 1975, ele reconheceu que, nas mãos do diretor e dos atores, a peça ganhou uma força que não tinha: "Eu acompanhei a loucura (...). Na hora pensei: 'Vai ser uma barra.' Topei a barra, inclusive me anulando como autor (...). Não fui traído. Reconheci, conscientemente, que a peça era fraca, e que só o trabalho dele [Zé Celso] daria uma dimensão maior."

A montagem estreou em janeiro de 1968 no Teatro Princesa Isabel, no Rio, num palco que formava um semicírculo, avançando sobre a plateia. Boa parte se encolheu na cadeira. Alguns simplesmente se retiraram. Como Nelson Rodrigues, muitos eram fãs do Chico de "A banda", e não conseguiam entender como um autor de versos tão singelos seria capaz de ser ao mesmo tempo tão insultuoso.

Os palavrões ditos durante o espetáculo não estavam no texto original – foram improvisados e vociferados por Paulo César Pereio, interpretando o personagem Mané. A Nossa Senhora rebolando de biquíni em frente a uma câmera de TV enquanto parecia fazer sexo oral em alguém também não fazia parte do *script* de Chico – era mais uma "licença poética" introduzida pelo coro invasor, devidamente autorizada e estimulada por autor e diretor.

Maria Amélia, mãe de Chico, não compareceu à estreia do musical em São Paulo, na Sala Galpão, parte do Teatro Ruth Escobar, em maio de 1968. Era demais para uma católica apostólica romana, que criara os filhos com todos os ritos necessários, assistir a uma santa sendo profanada numa peça "supostamente" escrita por um de seus filhos. Além do mais, ela não ia com a cara de Zé Celso desde os tempos em que o diretor, em início de carreira, frequentava a casa dos Buarque, no bairro do Pacaembu, como namorado de Miúcha, uma de suas filhas. Zé Celso conta, em depoimento ao autor:

> Conheci a Miúcha logo depois de fundar o Teatro Oficina, em 1958. Ela frequentava os ensaios. Começamos a namorar. Maria Amélia não gostava de mim, ficava irritada toda vez que eu aparecia no portão da casa deles, no Pacaembu. Não me convidava para entrar. Provavelmente me achava um vagabundo, o aluno da Faculdade de Direito do Largo São Francisco que desejava viver de teatro amador. Não era um bom exemplo para a filha dela. Tanto que quando eu escalei a Miúcha para encenar uma peça minha, *A Incubadeira* [1959], a mãe proibiu. Meses depois, Miúcha mudou-se para Paris, para estudar História da Arte. Depois se casou com João Gilberto, que morria de ciúmes de mim. Uma vez dei um disco da Billie Holiday pra ela e João ficou furioso. Só nos tornamos amigos muito tempo depois, em Nova York, com ele e Miúcha já separados. Passamos uma noite tomando peiote [um potente alucinógeno extraído de um cacto de mesmo nome]. Miúcha nunca mais vi. Fiquei mais próximo do Chico.

A primeira colaboração de Chico para o Teatro Oficina se deu de maneira mais discreta: uma música instrumental (que anos depois, já com

POLÍTICA

letra, recebeu o nome de "Acalanto") para a peça *Os inimigos*, de 1966. Para o diretor, *Roda viva* contribuiu para desmistificar de vez a imagem de bom moço de Chico que, segundo Zé, correu mais riscos do que todos os outros envolvidos na montagem:

> A peça foi uma porrada muito grande. Um grande ato político. A maioria das pessoas se sentiu afrontada. Eu me lembro da minha irmã Maria Helena, após a estreia no Rio, completamente escandalizada. Ela passou o caminho inteiro até o meu hotel em Ipanema dizendo que eu era um irresponsável, que daquela vez eu tinha passado dos limites. Alguns amigos do Chico chegaram a dizer que eu havia "estuprado" o texto original, que ele deveria cancelar a peça ou passá-la para outro diretor. E o Chico nem aí. Ele adorou tudo aquilo, em nenhum momento pediu pra gente pegar mais leve. Ele era o autor, a pessoa mais conhecida entre todos envolvidos com a peça e que corria mais riscos, justamente por sua imagem estar associada, mesmo a contragosto, a um certo bom-mocismo. Chico financiou tudo, do próprio bolso. Foi muito corajoso. Sabia que a porrada viria toda pra cima dele, como de fato veio. Depois que voltou do exílio, Chico ainda me emprestou dinheiro para eu montar a peça *Gracias Señor* [1972].

Quem tomou porrada – literalmente – foram os atores. Na noite de 17 de junho, dois meses depois da estreia em São Paulo, o Comando de Caça aos Comunistas (CCC), organização paramilitar de extrema direita, invadiu, durante um ensaio, o Teatro Ruth Escobar e espancou o elenco, chegando a arrancar a roupa de algumas atrizes. Marieta Severo, mulher de Chico e que fazia parte da peça, escapou da agressão – a retaliação contra ela, possivelmente, seria ainda mais violenta. Grávida de Sílvia, a primeira filha do casal, ela havia sido substituída por Marília Pêra.

Se para Nelson Rodrigues Chico não passava de um autor ingênuo enganado por um diretor depravado, para os censores ele havia perdido a inocência fazia tempo. O autor de *Roda viva* sofria de transtornos mentais? Era o que se perguntava Mário F. Russomanno na carta enviada ao chefe da censura federal de São Paulo, após assistir ao musical. Como alguém, no momento de maior acirramento político, poderia assinar uma peça como aquela? Só sendo um louco mesmo.

> O autor – seria um débil mental? – de nome Francisco Buarque de Holanda criou uma peça que não respeita a formação moral do espectador, ferindo de modo contundente todos os princípios de ensinamento de moral e religião herdados dos nossos antepassados. Expressões pornográficas, as mais baixas possíveis, são ditas no palco com a mais vergonhosa naturalidade. Desrespeitam todos e tudo, até a própria mãe.[13]

No dia 18 de dezembro de 1968, cinco dias após o AI-5 ser decretado, Chico foi levado para a sede do DOPS, no Rio, e depois para um quartel do Exército. Lá, recebeu a ordem de não sair da cidade sem antes avisar às autoridades. Um coronel aproveitou para lhe passar um recado: ele esperava ansiosamente pelo dia em que pudesse "enfiar um ferro quente na vagina daquela sua amiga Nara Leão".

Entre muitas entrevistas corajosas criticando abertamente a ditadura militar, Nara havia dito, em entrevista ao jornal *Diário de Notícias*, em maio de 1966, que "o Exército brasileiro não servia para nada", e que os generais "podiam entender de canhão e de metralhadora, mas não 'pescavam' nada de política".

Assim que foi liberado, Chico ligou para o cineasta Cacá Diegues, marido de Nara, e marcou um encontro numa esquina de Copacabana. Descreveu os horrores ditos por militares e o que pretendiam fazer com Nara. Ela apressou as gravações do novo disco, *Coisas do Mundo*, e pediu que Cacá priorizasse a saída deles do Brasil.

Chico e Marieta fizeram o mesmo. No dia 2 de janeiro de 1969, embarcaram para Cannes, na França. Ele já tinha conseguido a autorização dos militares para participar da Feira Internacional do Mercado de Disco

POLÍTICA

(Midem). Em vez de voltar ao Brasil, o casal seguiu para um autoexílio em Roma, na Itália. A ideia inicial era ficar dois meses. "Mas a situação no Brasil engrossou e voltamos depois de um ano e meio",[14] lembrou Chico.

Chico retornou ao Brasil em março de 1970, após a insistência de amigos como André Midani e Glauber Rocha. O cineasta havia garantido que "as coisas no Brasil estavam melhorando".[15] Vinicius de Moraes achava exatamente o contrário. Volte "fazendo barulho".[16] Para o poeta, a barra andava tão pesada que, se o compositor desembarcasse discretamente, sem alarde algum, corria o risco, como ocorrera com muitos perseguidos políticos, de sumir para sempre.

Vinicius tinha razão: o Brasil era outro e caminhava de mal a pior. Recebido com festa no aeroporto do Galeão, com direito a um desfile relâmpago ao som da Banda de Ipanema (que cumpriu com louvor a missão de fazer barulho) e a presença em peso da imprensa, Chico horrorizou-se no caminho de volta para casa.

> Foi um susto chegar aqui e encontrar uma realidade que eu não imaginava. Em um ano e meio de distância dava pra notar (...) Aqueles carros entulhados com os "Brasil, ame-o ou deixe-o", ou ainda "Ame-o ou morra" nos vidros de trás. Mas não tinha outra. Eu sabia que era o novo quadro, independentemente de choques ou não. "Muito bem, é aqui que eu vou viver."[17]

Seriam muitas ofensas e grosserias contra Chico. Além dos adesivos ufanistas, ele teve que engolir, no primeiro ano de retorno ao Brasil, uma parada militar ao som de "A banda", que cruzou a Avenida Atlântica, em Copacabana, no dia 3 de setembro de 1970, como parte das comemorações da Semana da Pátria. No fim do desfile, mil crianças de onze escolas públicas ouviram o discurso do ultrarreacionário ministro da Educação Jarbas Passarinho:

> Os materialistas a serviço da guerra revolucionária escolheram esses bastiões para dinamitar, através da solércia, as raízes da

comunidade. Contra a família defendem o amor livre, pura e simplesmente animalesco, sem responsabilidade de qualquer espécie, retirando-se do sexo toda a dignidade de sua fundação natural (...) Destruída a família como base do grupo social, concedidas todas as licenças ao sexo e ao culto do erotismo, a fase seguinte é a desmoralização dos vultos históricos, formadores da nacionalidade.[18]

Testemunhar, com as mãos atadas, a sua mais popular canção sendo associada a desfiles militares e manifestos moralistas seria uma entre muitas humilhações impostas ao compositor no retorno do autoexílio. Até o fim do governo Médici, não houve um dia de sossego para Chico, intimado a depor no DOPS quase semanalmente, uma violência psicológica constante, que o destruiu emocionalmente:

Um dia, virei para o inspetor, que sempre me tratava mal, e gritei: "Eu não aguento mais essa situação!" Manifestei minha indignação de uma forma que até deixou o sujeito meio balançado. (...) Aquela coisa era constante. Além das músicas censuradas, havia os shows proibidos, os shows com censores na plateia e no camarim. Não era brincadeira. Esse período foi da minha volta da Itália [1970] até por volta de 1974.[19]

O governo Ernesto Geisel, iniciado em 1974, abriu novos horizontes para o país e para autores como Chico, empastelados pela ditadura. O Brasil do Milagre Econômico (como ficou conhecido o período de 1968-1973, quando o país alcançou uma taxa média de crescimento do PIB na casa dos 11%), do Ame ou Deixe-o, passou, por causa da crise financeira, a ser desconstruído.

Com o ciclo de prosperidade chegando ao fim, por excesso de gastos do governo anterior e pela conjuntura internacional desfavorável (vivia-se a primeira grande crise do petróleo, com a elevação do preço do barril a níveis jamais vistos), Geisel assumiu em meio a duas prioridades: seguir com o projeto nacional-desenvolvimentista e iniciar o processo de abertura política.

POLÍTICA

O primeiro grande teste para o projeto de abertura ocorreu no dia 15 de novembro de 1974, quando foram convocadas eleições legislativas. O Movimento Democrático Brasileiro (MDB), liderado pelo deputado paulista Ulysses Guimarães, impôs uma constrangedora derrota ao governo, elegendo 44% das cadeiras da Câmara e 16 das 22 vagas em disputa no Senado.

Embora ainda minoritários no Congresso, os 186 deputados do MDB eram mais do que suficientes para barrar mudanças na Constituição propostas pela Arena, o partido de sustentação da ditadura. Chico comemorou o resultado e a ascensão de Ulysses: "A última eleição mudou um pouquinho as coisas. Até 15 de novembro o pessoal estava sem liderança política, principalmente os estudantes."[20]

Não que a vida de Chico tivesse virado um mar de rosas. Sua obra continuava sendo submetida a todo tipo de censura, mas, sob um governo mais moderado em relação à tirania do anterior, ele se permitiu, por exemplo, criar o pseudônimo Julinho da Adelaide – tema que será abordado mais adiante – com o único objetivo de burlar os censores.

Chico ensaiou um diálogo com o governo Geisel, ao aceitar, em janeiro de 1975, o convite de Nei Braga, ministro da Educação, para comparecer a uma audiência em Brasília – na pauta, a censura aos artistas. No fim da conversa, ao lado do ministro, cercado por jornalistas, provocou: "Um encontro com um ministro, sr. ministro, é raro, mas os encontros com a censura são tão comuns..."[21]

E eram mesmo. Meses depois da audiência em Brasília, a censura proibiu Chico e Maria Bethânia (os dois faziam juntos uma temporada de shows no Canecão, no Rio) de cantarem "Tanto mar", a canção de Chico em homenagem à Revolução dos Cravos, como ficou conhecido o movimento que pôs fim à ditadura salazarista em Portugal, em abril de 1974. A do Brasil ainda estava longe do fim.

Chico se deu conta de que estava no limbo. Continuava sendo cerceado por um governo que prometera avanços democráticos, ao mesmo tempo que sofria severas críticas, por parte da militância de esquerda – e dos próprios fãs – por deixar de se posicionar com mais contundência politicamente.

33

Ele procurava fazer a sua parte, mas a política não era o único foco. "Tudo o que me toca como ser humano, a preocupação social etc., está relegado ao segundo plano no momento em que estou compondo. Nesse momento o que me dá vontade de fazer é música."[22]

O jeito foi dar um tempo. Em 1976, Chico decidiu parar de fazer shows, um ano antes de o governo Geisel viver a fase de maior acirramento político. A linha-dura, já descontente com a intenção do novo governo de ampliar as bases democráticas e devolver o poder aos civis, mesmo que de forma lenta e gradual, pressionou Geisel a tomar medidas mais restritivas, responsabilizando-o pelo fortalecimento do MDB.

O general Sylvio Frota, o mais radical representante da ala extremista das Forças Armadas, acusava o partido de Ulysses de estar infestado de comunistas. Ministro do Exército, Frota não passava um dia sem promover atritos com o governo, na tentativa de enfraquecer Geisel e se fortalecer como liderança política – com o apoio da linha-dura.

Ao assistir a mais um projeto do governo sendo derrotado na Câmara pelos deputados do MDB, Geisel mudou radicalmente as regras do jogo. Com o AI-5 debaixo do braço, o presidente anunciou, em abril de 1977, o fechamento do Congresso por duas semanas, tempo suficiente para anunciar um conjunto de medidas arbitrárias. Composto por uma emenda constitucional e seis decretos, o Pacote de Abril, como ficou conhecido, alterava leis e a forma das eleições para favorecer a base governista.

Entre outras medidas, o pacote ampliava o mandato de Geisel de quatro para seis anos, mantinha as eleições indiretas nos estados e alterava o jogo de forças no Congresso – mudanças na Constituição não dependiam mais do voto de dois terços do plenário. A maioria simples bastaria. O MDB, atuante, passou a não ter qualquer possibilidade de veto.

Os patrulheiros ideológicos voltaram a cobrar de Chico uma manifestação pública contra os retrocessos do governo Geisel. Mais do que isso. Chegaram a sugerir que ele fizesse uma canção na esteira dos desdobramentos do Pacote de Abril, denunciando as arbitrariedades e o consequente enfraquecimento da oposição. Chico recusou-se. E ainda ironizou: "Não é este o momento ainda. Afinal, MDB nem cabe em letra de samba (...)

POLÍTICA

Nunca fiz música de protesto, com exceção de 'Apesar de você', que, afinal, é a música mais alegre que eu tenho."[23]

Havia quem não cooperasse. Glauber Rocha chegou a se referir a Chico, numa entrevista em 1974, como o "Errol Flynn da cultura brasileira", uma alusão ao ator americano, famoso por interpretar heróis em filmes de aventura. O tom de Glauber, como sempre, era de deboche, mas Chico não gostou. "Era uma responsabilidade que eu não queria carregar. Mas não havia como dizer às pessoas: 'olha, eu não sou isso que vocês pensam.'"[24]

Chico não fez versos com o MDB, mas se envolveu diretamente na campanha do sociólogo Fernando Henrique Cardoso, que concorreu pelo partido ao Senado nas eleições legislativas de 1978. A candidatura de FHC, um acadêmico com pouca vivência política, teve como mentor um dos próceres do partido, o deputado Ulysses Guimarães, e desagradou a Franco Montoro, outro cacique da sigla, também concorrendo a uma vaga no Senado.

Ao tomar conhecimento da rusga partidária, Chico se alimentou dela para compor o jingle de FHC, um dos mais espirituosos da campanha, com direito a cutucadas em Montoro: "A gente não quer mais cacique / A gente não quer feitor / A gente agora tá no pique / Fernando Henrique pra senador."

Montoro venceu a eleição para o Senado, tendo como suplente o próprio FHC. Apesar da votação expressiva (1,2 milhão de votos), o político debutante não escapou das gozações. Na reta final da campanha, com a vitória de Montoro praticamente certa, seus marqueteiros deram o troco: "A gente não tem mais cacife / A gente não tem mais mentor / A gente agora foi a pique / Fernando Henrique é só professor."

Indicado por Geisel, João Figueiredo assumiu a presidência com o compromisso de promover a abertura política iniciada pelo antecessor e transformar o Brasil numa democracia. Em 1980, após o primeiro ano de seu longo governo (o general entraria para a história como o mandatário do ciclo do regime militar com maior tempo de mandato, seis anos), quase ninguém acreditava nas promessas de um coronel de 1964. Sérgio Buarque de Holanda era um deles:

35

Quando Figueiredo fala que vai dar a "verdadeira democracia" ao povo brasileiro, muitas vezes nos acusam de incredulidade e ceticismo. Contudo, esse descrédito é bastante justo – afinal, todos os governantes têm falado que vão fazer isso, e até agora nada. Por que então, a gente vai pensar que com ele seria diferente? Pode até ser um bom sujeito, ter boas intenções e tudo isso, mas mantemos o direito de não acreditar.[25]

Para Chico, um ex-diretor do Serviço Nacional de Informações (SNI) jamais seria um sujeito bem-intencionado. Como chefe do órgão de espionagem do regime militar durante o governo Geisel, Figueiredo, que dizia preferir o cheiro de cavalo ao de gente, manteve artistas como Chico, de quem se dizia fã, mas apenas da "fase romântica" (sic), sob rédea curta.

Na manhã do dia 20 de fevereiro de 1978, de volta ao Brasil após uma viagem de uma semana a Havana como convidado do governo cubano para integrar o júri do prêmio literário Casa de Las Américas, Chico foi detido no Aeroporto do Galeão, no Rio, junto com o escritor Antonio Callado e as respectivas esposas.

Os policiais revistaram as malas de Chico e Callado à procura de "material suspeito", mas não acharam nada incriminatório: discos italianos, caixas de charutos e um livro de gravuras portuguesas. Mesmo assim, ambos foram levados à sede do DOPS e liberados apenas no fim da noite, com a promessa de voltarem a prestar novos depoimentos. Na saída, irritado, o compositor conversou com os jornalistas: "Estão cansando a gente, queriam saber tudo, os detalhes todos, até coisas de horário, que eu não lembrava. Acho que fui reprovado na sabatina, pois vou ter que voltar para novo depoimento."[26]

A prisão de Chico e Callado repercutiu em Brasília: deputados do MDB e até parte dos governistas condenaram o ato arbitrário. O presidente Figueiredo não comentou nada sobre o episódio especificamente, mas fez uma provocação a Chico:

Por que o Chico Buarque de Hollanda, que é um compositor de quem eu gosto e admiro, tem mais autoridade do que eu para conversar sobre política? Acho que isso é um preconceito. Eu estudei mais política que ele, seguramente (...) Diante disso, eu acho que para ser um ideólogo político, para tentar convencer os outros com ideias políticas, o cidadão deve ou participar de política, ser um militante, ou ser cientista político.[27]

No começo de março, menos de um mês após a detenção no Galeão, o Ministério da Justiça censurou a peça *Ópera do malandro*, de Chico, impedindo que ela estreasse em junho, no Teatro Ginástico, no Rio.

Figueiredo atendeu a parte das reivindicações da oposição e, em agosto de 1979, promulgou a Lei da Anistia, beneficiando a todos que cometeram crime político no período de 2 de setembro de 1961 a 15 de agosto de 1979. Os comitês pró-anistia desejavam ir além: levar ao tribunal os agentes públicos responsáveis por atos de tortura, assassinato e ocultação de cadáveres durante a repressão. No fim, Golbery do Couto e Silva, chefe da Casa Civil no governo Figueiredo e principal arquiteto do processo de distensão, negociou o que era possível para o momento.

O afrouxamento do regime não encerrou as discussões políticas. A militância de esquerda passou a cobrar ainda mais engajamento por parte dos artistas, sob o argumento de que eles haviam deixado de fazer canções contra a ditadura, que não havia terminado e parecia ainda longe do fim.

As críticas eram direcionadas principalmente aos tropicalistas Caetano e Gil, mas resvalaram em Chico, por ele se recusar a seguir os ditames impostos pelos patrulheiros ideológicos.

> É absurda a mania de se cobrar do artista, hoje, no Brasil, um engajamento político em sua arte.[28]

> Prefiro acreditar que não seja má-fé, que seja apenas um lapso na inteligência e na sensibilidade dessas pessoas. Isso vira moda. Mas moda passa, não pode durar mais de um ano.[29]

Para Chico, o momento do país pedia mais pragmatismo e menos fogo amigo. Era a hora de concentrar esforços para fortalecer o MDB, principal partido de oposição ao regime militar, enfraquecido após o Congresso aprovar, em novembro de 1979, o fim do bipartidarismo, numa manobra costurada por Golbery, gênio da estratégia política e principal ideólogo do Golpe de 1964.

De olho em 1982, ano que marcaria a primeira eleição direta para governador desde 1965, o chefe da Casa Civil temia que o MDB saísse ainda mais fortalecido do pleito. Era preciso promover a abertura, mas isso não significava devolver o poder de bandeja aos que haviam sido derrubados em 1964.

Com o término do bipartidarismo, a tendência era de que a esquerda se dividisse em diversas correntes políticas, enquanto as forças governistas ficariam concentradas num só partido, o PDS, novo braço civil do regime militar e destino da grande maioria dos arenistas.

A esquerda, como previu Golbery, fragmentou-se. O MDB, sob o comando de Ulysses Guimarães, transformou-se no Partido do Movimento Democrático Brasileiro (PMDB). Impossibilitado de refundar o Partido Trabalhista Brasileiro (PTB), que estava nas mãos de Ivete Vargas, sobrinha-neta de Getúlio que, apesar do parentesco, não rezava a cartilha trabalhista, Leonel Brizola criou o Partido Democrático Trabalhista (PDT), este sim fiel ao getulismo. Tancredo Neves, ex-ministro de Getúlio, também fundou o seu próprio partido, o Partido Popular (PP), assim como fez Luiz Inácio Lula da Silva, principal líder do movimento sindical e um dos responsáveis pela fundação do Partido dos Trabalhadores (PT).

Como cidadão fluminense, Chico apoiou publicamente a candidatura a governador de Miro Teixeira, do PMDB, que não parecia ter qualquer chance diante do favoritismo de Brizola. Mesmo assim, o compositor mobilizou-se tentando aglutinar parte da classe artística com um abaixo-assinado a favor de Miro, sob o argumento de que sua eleição significaria uma verdadeira derrota para a ditadura militar. O envolvimento de corpo e alma nas eleições do Rio custou a Chico, temporariamente, uma amizade de muitos anos.

Nara Leão recusou-se a assinar a lista de Chico. A cantora, além de deixar claro que votaria em Brizola, fez questão de lembrá-lo de que Miro

POLÍTICA

Teixeira não passava de um herdeiro do chaguismo, nome dado à política clientelista desenvolvida por Antônio de Pádua Chagas Freitas. Duas vezes governador biônico (1971-1975 e 1979-1983), Chagas Freitas representava a ala conservadora do então MDB, um agregado com raízes fortes no interior e que, por muitos anos, minou o fortalecimento de setores mais progressistas do partido no estado.

No fim, Brizola venceu as eleições com uma diferença apertada entre ele e Moreira Franco, o candidato dos militares, e com quase o dobro dos votos de Miro Teixeira. O abaixo-assinado de Chico, portanto, tinha lá um valor simbólico, mas quase nenhum peso eleitoral. A recusa de Nara em assiná-lo e as declarações contra Miro foram o suficiente para criar pela primeira (e última) vez um mal-estar entre os dois amigos: ficaram sem se falar por alguns meses.

Chico, Nara, os brizolistas, os conservadores e progressistas do PMDB, os patrulheiros ideológicos, os petistas, as mais variadas correntes do PCB e do Partido Comunista do Brasil (PCdoB) – todos estiveram juntos, no mesmo palanque, nas Diretas Já, como ficou conhecido o movimento suprapartidário que ganhou força a partir de abril de 1984, levando milhões de pessoas às ruas e praças das grandes capitais. Um esforço cívico poucas vezes visto na história republicana do país.

Lançado em meio às Diretas, "Vai passar", samba de Chico, virou o hino da campanha, que terminou frustrada: a emenda Dante de Oliveira, que previa eleições diretas para a Presidência da República, não passou na Câmara dos Deputados. A maioria dos votos a favor (298 a 65) não foi o suficiente para atingir o quórum de dois terços exigido para alterações da Constituição.

A partir daí, o PMDB começou a articular a candidatura de Tancredo Neves para a eleição indireta pelo Colégio Eleitoral, marcada para 15 de janeiro de 1985. Dessa vez, houve muito o que comemorar: o peemedebista venceu por uma diferença de 300 votos o candidato apoiado pelo regime militar, Paulo Maluf, e se tornou o primeiro presidente civil após o Golpe de 1964.

Chico e outros artistas participaram da festa pela vitória de Tancredo na casa de shows Circo Voador, no Rio. Apesar da preocupação com o vice do presidente eleito, nada menos do que o ex-arenista José Sarney, cria do regime militar, o compositor se mostrava otimista:

> Minha esperança é de que Tancredo tenha condições e autonomia, apesar das composições, para levar adiante um Governo popular.[30]

> Vamos recuperar o tempo perdido, começar alguma coisa (...) A democracia nos torna mais responsáveis, sem a tutela, indesejável, dos regimes totalitários. Eu vou continuar a dar palpites, como sempre.[31]

Figueiredo, antes de deixar o poder, também deu os seus pitacos. A quatro dias da transmissão de cargo, o presidente concedeu uma longa entrevista para o *Jornal do Brasil*. Perguntado se gostava de música popular brasileira, respondeu: "Eu gostava muito da primeira fase daquele menino... o Chico [Buarque]. Gostava do tempo de 'A banda'. Mas depois resolveu ser contestador para ganhar dinheiro."[32]

Era o tipo de troco que Chico amava dar, e era sempre bem dado: "Há 20 anos pago impostos compulsoriamente para um governo que ninguém escolheu e que, quando Figueiredo era chefe do SNI, impunha até suas preferências musicais. Ele não gosta de mim, mas os cavalos dele gostam."[33]

No dia 13 de março, com fortes dores abdominais, Tancredo foi examinado pelo chefe do serviço médico da Câmara. Instado a fazer uma cirurgia imediatamente, preferiu adiar a operação para depois de sua nomeação – temia que Figueiredo, de temperamento explosivo, se recusasse a transmitir o cargo a Sarney, a quem achava, ao lado de Antonio Carlos Magalhães e outros dissidentes do PDS, um grande traidor, responsável pela vitória da oposição.

A um dia da posse, ao se sentir mal durante uma missa, Tancredo, com suspeita de apendicite, teve que ser internado no Hospital de Base em Brasília. Ali, após uma intervenção cirúrgica, os médicos constataram a presença de um tumor benigno – manteve-se a versão oficial de que o futuro presidente sofria de divertículos no intestino.

POLÍTICA

Antes da primeira operação, a primeira de muitas, Tancredo fez questão de assinar uma por uma as nomeações de ministros e exigiu que elas fossem publicadas no Diário Oficial – não queria correr o risco de deixar a tarefa nas mãos do grupo de Sarney, formado por ambiciosas raposas políticas, mestres em tirar proveito de reviravoltas para aumentar ainda mais os seus nacos de poder.

O peemedebista estava certo em suas precauções. No dia 15 de março de 1985, Figueiredo, possesso de raiva, não transmitiu a faixa presidencial a Sarney, como mandava o protocolo. O presidente eleito, porém, não teve tempo para saber se havia acertado ou não na escolha do vice – após sete cirurgias e uma longa agonia, Tancredo morreu no dia 21 de abril, no Instituto do Coração do Hospital das Clínicas, em São Paulo, vítima de infecção generalizada.

Em 1985, ao abraçar novamente a candidatura de Fernando Henrique Cardoso – desta vez para a prefeitura de São Paulo –, Chico se indispôs pela primeira vez com a aguerrida militância do recém-fundado Partido dos Trabalhadores (PT), nascido da união entre sindicalistas, setores progressistas da Igreja católica e intelectuais, entre eles Sérgio Buarque de Holanda.

Pela ligação histórica de seu pai com o partido e pelas declarações e gestos de Chico em solidariedade a Lula nos dias que antecederam sua prisão, em 19 abril de 1980 – o cantor estava em São Bernardo, no ABC paulista, para um ato de desagravo ao então líder sindical –, o comando petista esperava um apoio público do compositor à candidatura de Eduardo Suplicy.

A despeito de ser um dos membros fundadores do PT, o próprio Sérgio Buarque, assim como o filho, temia que uma provável divisão de votos progressistas entre Fernando Henrique e Suplicy terminasse beneficiando a candidatura do ex-presidente Jânio Quadros, representante do campo conservador. Seria mais seguro, portanto, numa eleição que ainda não contava com segundo turno (instituído apenas após a Constituição de 1988), apoiar o candidato com mais chances de vitória – no caso, FHC. Além do mais, Sérgio Buarque se dava muito bem com o peemedebista, fã do cuscuz paulista preparado por Maria Amélia desde os tempos em que ele e outros intelectuais, como Antonio Candido e Caio Prado Júnior, visitavam frequentemente o casarão da rua Buri.

Chico não só fechou com FHC, como tomou a iniciativa de compor, de novo, o hino de sua campanha. Dessa vez, precisou apenas fazer uma adaptação, mudando a letra de "Vai passar", hino das Diretas, para "Vai ganhar". Apesar das cutucadas em Jânio ("Dormia a nossa pátria mãe tão distraída / Na madrugada em que foi traída pela renúncia de um fujão") – a versão, por incensar Fernando Henrique, desagradou mais aos petistas do que à direita:

> Vai ganhar Fernando Henrique, o voto popular
> Cada paralelepípedo da nossa cidade
> A vitória vai comemorar
> Vai lembrar que aqui passaram nomes imortais
> Tancredo Neves de Minas Gerais e Teotônio
> E tantos outros mais

Surpreso com os ataques dos petistas, Chico desabafou em entrevista à Rádio do Centro Cultural São Paulo, concedida semanas antes da eleição:

> Em São Paulo, o fato de eu ter apoiado o Fernando Henrique me causou prejuízos sérios (...) E eu estranho muito porque tenho grandes amigos petistas, meu pai era petista, Antonio Candido é um grande amigo meu e é petista, Hélio Pellegrini... Eu estou falando dos dois porque nós viajamos agora pra Cuba e conversamos muito sobre isso. E eu volta e meia me queixo com meus amigos petistas – tenho muitos com quem jogo futebol –, e eles falam: "Ah, mas esses são os maus petistas." Mas tem muito mau petista por aí... Eu não sou petista porque não sou filiado a partido nenhum. Mas sempre simpatizei, desde o início, com a formação do PT, sempre tive

POLÍTICA

ótimas relações com o Lula, mas os meus intelectuais não são desses que misturam as coisas, eles são outros, é outro tipo de PT. Além disso, eu também disse em entrevista – não sei se saiu – que, se fosse o caso, em São Paulo, de apoiar o Suplicy pra ganhar do Jânio, eu apoiaria, iria à praça pública – se ele tivesse chance de ganhar. Apoiei Fernando Henrique porque o considero mais preparado que Suplicy, mas fora isso ele era o candidato que tinha condições de bater o Jânio. Eu sustento e vou até o fim com isso. Se os petistas não gostarem, paciência. Eu sou muito transigente com as pessoas e com os partidos. Detesto intransigência. Minha única intransigência é com a intransigência.[34]

Como temiam os Buarque, a divisão imposta pelas duas candidaturas do campo progressista foi determinante para a vitória de Jânio Quadros, que derrotou Fernando Henrique por uma margem pequena – 100 mil votos. Um número irrisório se comparado à soma do segundo (FHC) com o terceiro (Suplicy) colocados que, juntos, receberam 2,2 milhões de votos – um milhão a mais que o primeiro colocado.

Os olhos da política se voltaram então para as eleições gerais de novembro de 1986, as primeiras pós-redemocratização. Os 487 deputados e 49 senadores eleitos (além dos 23 senadores escolhidos em 1982) teriam a tarefa de elaborar a nova Constituição brasileira. Sabedor da importância do novo pleito, o cantor pernambucano Alceu Valença decidiu criar a Frente Interpartidária de Artistas, com o objetivo de aumentar a representatividade do setor cultural no processo que resultaria na votação da nova Carta Magna.

Alceu tentava convencer grandes nomes a lançarem candidaturas próprias, por partidos progressistas – ele mesmo estava disposto a abrir mão da agenda de shows para se tornar um deputado constituinte. Segundo ele, o artista, para não ficar preso ao mandato de quatro anos, poderia renunciar ao cargo logo após a votação da nova Assembleia Nacional Constituinte, dando o lugar ao suplente, identificado com as causas do grupo.

43

TROCANDO EM MIÚDOS: SEIS VEZES CHICO

Num primeiro momento, Chico abraçou a ideia da frente interpartidária de Alceu, chegando a organizar mais de uma reunião no apartamento do Leblon – a primeira delas, com a presença de Fernando Henrique Cardoso e de Roseana Sarney, filha do presidente. O compositor começou a perder entusiasmo ao perceber que a adesão dos colegas havia sido pequena e que parte dos organizadores da frente passou a sonhar com a candidatura dele a deputado.

Piorou quando o ministro da Previdência e Assistência Social do governo Sarney, Raphael Magalhães, e o seu genro, o cineasta Cacá Diegues, pensaram em lançar Chico ao Senado pelo PMDB – uma ideia tão fora de propósito que o cantor, ao receber o convite, achou que se tratava de uma piada. Cacá, sem graça, nunca mais tocou no assunto. Alceu também não.

A morte de Tancredo, a frustrada campanha das Diretas, os enfrentamentos com a militância do PT por causa do apoio a FHC, derrotado por um populista de direita como Jânio Quadros, e a falta de mobilização política da classe artística deixaram Chico mais cético do que nunca:

> (...) Nós tivemos aí um carnaval incrível de incompetência da esquerda (...) o poder permaneceu com a direita e nós ficamos a ver navios, porque nós fizemos a campanha das Diretas, fizemos aquela coisa toda, elegemos o Tancredo e o Tancredo morreu, e estamos com Sarney, nesse clima de descrédito, desconfiança, de lassidão. (...) Estou muito cansado para saber qual é a saída. Realmente estou cansado, já falei bastante. Eu estou falando sozinho e realmente é muito desagradável, com as pessoas ao meu redor, ficar falando de política. [35]

Chico só voltaria a subir num palanque quatro anos depois, em 1989, no esforço para eleger Lula na primeira eleição direta para presidente desde a de Jânio Quadros, em 1960. O filme se repetiu. O campo progressista se dividiu, lançando nomes de peso, como Lula, Leonel Brizola, Mário Covas e Ulysses Guimarães, mas quem levou, vencendo o petista no segundo turno, foi um "filhote da ditadura" – chamado assim por

POLÍTICA

Brizola –, criado em berço arenista: o ex-governador de Alagoas Fer nando Collor de Mello.

Nos primeiros anos do claudicante governo Collor, abreviado por um processo de impeachment, Chico, imerso na escrita de *Estorvo*, seu primeiro romance, pouco opinou sobre a conjuntura política. Mas, quando terminou o livro, viu-se novamente no centro de uma discussão que tomou as páginas dos jornais: o polêmico "voo de solidariedade a Cuba".

Devido às dificuldades econômicas enfrentadas pelo povo cubano desde o embargo econômico imposto pelos Estados Unidos em 1962, um grupo de intelectuais brasileiros, liderados por Chico e outros dois escritores, Antonio Callado e Frei Betto, resolveu organizar uma viagem a Cuba, em fevereiro de 1992.

Dias antes do embarque, a notícia chegou ao Brasil: o exilado político Eduardo Díaz Betancourt e outros dois cubanos, após desembarcarem clandestinamente numa praia nos arredores de Havana portando explosivos, haviam sido presos e sentenciados à morte por Fidel Castro, comandante da revolução cubana e, então, presidente do país.

Imediatamente estabeleceu-se a discussão: Chico e outras personalidades brasileiras seriam mesmo solidárias a um governo que mandava para o paredão opositores do regime? O publicitário Carlito Maia, confirmado na comitiva, foi um dos primeiros a desistir do voo: "Diante do fuzilamento, não mais irei. Por uma questão de coerência, sou contra a pena de morte aqui ou em qualquer lugar do mundo."[36]

Paulo Delgado, deputado federal do PT, também pulou fora: "Não há revolução que se sustente na ponta do fuzil. Não vou participar do voo. Sempre defendi a revolução cubana, mesmo quando o apoio não era pedido. Mas Fidel não nos consultou antes de criar esse constrangimento internacional. O fuzilamento no *paredón* é insustentável."[37]

Para outro deputado petista, José Dirceu, não havia motivos para tanta indignação – como chefe de Estado, Fidel estava apenas fazendo o que era preciso ser feito, ou seja, cumprindo a lei: "Os três cubanos-americanos são criminosos, invadiram o país, armados (...) Para infelicidade deles, a lei cubana prevê a pena de morte nesses casos."[38]

Antonio Callado, um dos organizadores do voo a Cuba – que foi mantido, apesar das desistências –, minimizou: "É lamentável condenar alguém à morte. Mas, dentro de uma guerra, as leis são leis de guerra."[39] Não era o que pensava, por exemplo, o sociólogo Herbert de Souza, o Betinho, que já havia se recusado a fazer parte do voo antes mesmo do anúncio do fuzilamento. "Cuba tem uma política absurda e desumana de segregação dos doentes de AIDS e de vigilância sobre os portadores", disse o sociólogo.[40]

As atenções se voltaram naturalmente para Chico, a mais conhecida personalidade do voo da solidariedade e seu principal idealizador. O compositor reconheceu que a solução pelo fuzilamento era um retrocesso de Cuba na busca por liberdade – "um governo acuado se defende militarmente, mas mesmo assim não entendo a utilidade política da pena de morte neste momento"[41] –, mas achou exagerada a gritaria na imprensa em torno do assunto:

> Isso é uma palhaçada num país que mata livremente como o nosso – embora a pena de morte não esteja prevista na Constituição. A ditadura militar matou à vontade presos políticos. As pessoas morreram em atropelamentos simulados ou sob tortura nas prisões (...) Um país miserável debocha de outro país pobre que, ao menos, resolveu seus problemas de saúde e de educação. Qual é a graça?[42]

Em menos de dois anos, o governo Collor caiu em desgraça. O plano econômico de Zélia Cardoso de Mello fracassou – a ministra da Fazenda tentou um novo choque, com o Plano Collor 2, que, assim como o primeiro, não cumpriu a tarefa de derrubar a inflação. Os casos de corrupção, já sabidos, eram cada vez mais visíveis.

No dia 29 de setembro de 1992, a Câmara aprovou por 441 votos a abertura do processo de impeachment contra o presidente. Afastado temporariamente no dia 2 de outubro, Collor renunciaria ao mandato em dezembro, numa tentativa de escapar da condenação. O Senado, porém, prosseguiu o julgamento, condenando-o à inelegibilidade por oito anos.

POLÍTICA

Itamar Franco, vice de Collor, tomou posse e, em maio de 1993, mudou os rumos de seu governo ao nomear o quarto ministro da Fazenda em menos de sete meses. Seu então ministro das Relações Exteriores, Fernando Henrique Cardoso, assumiu o ministério, elaborou um novo pacote de estabilização da economia, o Plano Real, derrubou a hiperinflação e se tornou naturalmente um dos favoritos à sucessão presidencial de 1994.

Apesar de ter votado em Lula, derrotado no primeiro turno por FHC, Chico desejou sorte ao novo presidente, com os dois pés atrás: "Eu acho que o Fernando Henrique é um candidato qualificado, mas, devido às alianças que ele assumiu no início da campanha, eu tenho medo que ele não possa fazer as mudanças necessárias (...) O tipo de governo com o PFL atuante é um governo que não tem muito a ver com a história de Fernando Henrique Cardoso."[43]

A relação entre os dois, que já não era a mesma, piorou ao longo do primeiro mandato do presidente. Chico tornou-se um crítico recorrente da política econômica, principalmente do Plano Nacional de Desestatização, criado na gestão Collor, e fortemente ampliado no governo tucano. Além de medidas provisórias, FHC conseguiu aprovar no Congresso várias emendas constitucionais que criaram um ambiente jurídico seguro para o programa de privatização.

Logo de cara, nos primeiros meses de mandato, Fernando Henrique anunciou a quebra do monopólio da Petrobras sobre a exploração, produção, refino e transporte do petróleo no Brasil. Os funcionários da estatal, revoltados, anunciaram uma greve que se estendeu por mais de um mês – refinarias foram ocupadas e paralisadas como forma de protesto.

O governo reagiu com violência. Alegando defesa do patrimônio público, FHC autorizou uma intervenção militar – tropas do Exército invadiram as refinarias paralisadas. Chico, antes desconfiado e um tanto descrente, passou a ter certeza do que estava por vir:

> Nunca fui muito otimista em relação ao Fernando Henrique, desde as eleições de 94, falei isso na época, acontece que,

47

quando ele foi eleito, aí desejei boa sorte, me perguntaram, eu falei: "Não, vamos dar um tempo, vamos ver o que vai ser isso." Mas já desde aquela primeira greve dos petroleiros falei: "Epa!" Não é o que eu estava torcendo para que fosse, é mais o que eu estava temendo que acontecesse.[44]

Chico e FHC afastaram-se de vez após a aprovação, em janeiro de 1997, da PEC (Proposta de Emenda Constitucional) que promovia o direito à reeleição do presidente, dos governadores e dos prefeitos – medida que tornou possível um segundo mandato de Fernando Henrique. O próprio tucano reconheceu, uma década depois, a existência de um esquema de compra de votos para assegurar a votação da PEC, mas negava que essa ação tenha sido feita pelo governo ou pelo seu partido, o PSDB – do que muita gente duvidou, inclusive Chico:

> Ele [FHC] estragou a própria biografia com a história da reeleição, foi um erro a maneira como aquilo foi feito. Em primeiro lugar, mudando a regra do jogo. Nós, que jogamos futebol, sabemos bem que isso não se faz. E sabe-se que rolou dinheiro para a aprovação daquela emenda constitucional, ali foi uma mancha enorme.[45]

Em 1998, no início do segundo mandato, ao publicar o livro *O mundo em português: um diálogo*, compilação de conversas com o ex-presidente português Mário Soares sobre temas brasileiros e lusitanos, um ressentido Fernando Henrique chamou Caetano Veloso e Gilberto Gil de "gênios" e Chico de "convencional":

> Gil e Caetano são gênios porque estão ligados com o universal, estão sintonizados, sabem o que está acontecendo no mundo, têm sensibilidade social, são críticos mas guardam essa capacidade de acreditar. Eu acho que o Chico Buarque já é mais elite tradicional, ele quer ser crítico, mas é mais convencional.

POLÍTICA

A imprensa quis saber o que Chico achava de ser chamado de "elite tradicional" por alguém como FHC:

> Achei engraçado no começo. Mas não dei a importância que às vezes dão. Parece que fiquei ofendido. Não. É normal, é natural que um político tenha opiniões políticas até a respeito de artistas. Diz o que interessa naquele momento. É da natureza de um político. Fernando Henrique sabe o que diz e tem o direito de gostar de quem quiser. Nunca imaginei que ele gostasse de mim. Achei divertida e engraçada a ênfase com que ele gosta de uma pessoa e pode deixar de gostar. Mas é a opinião de um político. Fernando Henrique diz que não gosta mais de mim. Antes, gostava.[46]

Por conta das desavenças entre os dois, houve quem acreditasse que a canção "Injuriado", gravada no disco *As cidades*, em 1998, no calor dos embates, fosse um recado direto de Chico a FHC:

> Se eu só lhe fizesse o bem
> Talvez fosse um vício a mais
> Você me teria desprezo por fim
> Porém não fui tão imprudente
> E agora não há francamente
> Motivo pra você me injuriar assim

Chico negou que pensasse em FHC ou em qualquer outro tucano na hora de compor um samba. "Isso é uma piada, só rindo. Primeiro, porque não fiquei injuriado com nada, segundo, porque nunca vou chamar Fernando Henrique de meu bem."[47]

Em 2000, dois anos antes de Lula se eleger presidente da República, após perder três eleições para o cargo, Chico não acreditava mais na hipótese de o petista chegar ao Planalto. "O Brasil não vai eleger o Lula. O rico não vota no Lula e o pobre não vota no Lula, vai ficar sempre nesses 25% e não vai passar disso. Eu fico muito incomodado com isso, mas é uma questão cultural."[48]

Porém, o insucesso do segundo governo FHC – marcado por diversas crises internacionais, que desaceleraram a economia e aumentaram os índices de desemprego no país – e a repaginação da imagem de Lula (elaborada com competência pelo marqueteiro Duda Mendonça), que se tornou mais palatável eleitoralmente, foram determinantes para a eleição do petista em 2002.

Chico comemorou, mas sugeriu a criação do Ministério do Vai Dar Merda, segundo ele tão ou mais importante do que acomodar aliados políticos mais à direita para garantir a governança. Para o compositor, a grande imprensa brasileira, sempre refratária a Lula, transformaria qualquer erro em desgraça – daí a necessidade de se criar uma pasta exclusivamente para avaliar decisões equivocadas do governo, ou pouco republicanas, que pudessem dar munição aos opositores.

O governo Lula avançou em pontos importantes, sobretudo em políticas sociais, mas não conseguiu evitar que merdas acontecessem – e não foram poucas. Antes mesmo do surgimento dos primeiros casos de corrupção, Chico já tinha se mostrado descontente com a montagem do ministério e as primeiras medidas econômicas:

> Ele [Lula] manteve as linhas principais do Fernando Henrique já no primeiro momento, quando pôs o Henrique Meirelles como presidente do Banco Central, onde o certo seria ter alguém como o Aloísio Mercadante ou o Guido Mantega. Colocaram o Meirelles, que era ligado aos tucanos.[49]

Em 2004, na primeira grande crise política do governo petista – Waldomiro Diniz, subchefe de assuntos parlamentares da Casa Civil chefiada por José Dirceu, um dos integrantes do chamado núcleo duro de Lula, foi flagrado negociando com bicheiros em troca de propinas e contribuições para campanhas eleitorais –, Chico recusou-se a participar de atos em so-

POLÍTICA

lidariedade a Dirceu. O não comparecimento a um jantar de desagravo ao ministro, organizado por intelectuais e artistas, rendeu críticas de amigos e militantes.

Chico irritou-se com a patrulha e com a exploração do caso por parte da imprensa, que tentou criar um falso atrito entre ele e Lula:

> Acho que existe uma má vontade muito grande da imprensa com esse governo. Outro dia me perguntaram se eu não tinha telefonado para o José Dirceu. Eu mal conheço o José Dirceu, não acho que tenho que ficar telefonando para ele. Perguntaram para mim também se eu estava satisfeito com o governo Lula, e eu respondi que era óbvio que não. E acho ótimo eu não estar satisfeito. A pior coisa que pode acontecer para um governante é estar cercado de puxa-sacos. Mas isso também não significa que eu esteja decepcionado com o Lula.[50]

José Dirceu pediu demissão da Casa Civil em 2005, em meio ao escândalo do mensalão, como ficou conhecido o esquema de compra de votos em troca de apoio político no primeiro mandato de Lula. De novo, um grupo de intelectuais e artistas se mobilizou, dessa vez para elaborar um manifesto a favor de Dirceu, um dos réus do mensalão. Chico pulou fora mais uma vez:

> Não tenho maior simpatia pelo Zé Dirceu, não assinei manifesto em defesa dele, acho que ele errou, que ele tem culpa, sim, por tudo o que aconteceu, mas eu respeito uma pessoa que num determinado momento entregou a sua vida, jogou tudo o que tinha em nome de uma causa, do país.[51]

Lula chegou ao final do primeiro mandato, em dezembro de 2006, com 52% dos brasileiros achando o governo ótimo ou bom, segundo o Datafolha – a maior taxa de aprovação a um presidente desde que o instituto começou a fazer pesquisas nacionais de avaliação do governo federal, em

TROCANDO EM MIÚDOS: SEIS VEZES CHICO

1990. Fernando Henrique, por exemplo, saiu do primeiro mandato com apenas 35% de aprovação.

O governo petista, portanto, havia superado as expectativas da maioria dos brasileiros, mas não as de Chico, que seguiu descrente:

> Não vejo grandes novidades na política. Nem vejo muito espaço para grandes mudanças, sinceramente. Já não alimentava grandes ilusões de grandes mudanças com o governo Lula. Achava bonito isso, de ele ser eleito. Bom para o país um operário ser eleito e chegar à presidência da República. Mas também não achava que íamos ter transformações profundas na sociedade. É difícil. E agora ficou provado que é mais difícil até do que se imaginava.[52]

As críticas renderam a Chico novos ataques da militância petista, devolvidos de bate-pronto:

> Eu fico um pouco espantado com o grau de agressividade das pessoas. Eu conheci o grau de agressividade do PT, sei como é. Eu já falava isso, tem muito chato neste PT. Ficam enchendo o saco da gente, enchendo o saco dos artistas, cobrando isso e aquilo. Isso acho até que vai acabar um pouco, porque acabou a ideia de que o PT é um partido superior aos outros.[53]

Sobrou também para Lula, até ali muito aquém do presidente que Chico havia sonhado para o país. Era mais um caso de ética enfraquecida pelos jogos de poder. "Os dois [FHC e Lula] decepcionaram. A pessoa que chega ao poder se torna um pouco fantasma daquela que deu a vida por algo que não se realizou."[54] Mesmo assim, Chico jamais considerou não votar pela reeleição de Lula.

> Não posso dizer que estou satisfeito com o governo dele, mas não vejo vantagem nenhuma no governo voltar às mãos do

52

PSDB e do PFL. E, se o Lula for reeleito, acredito que ele, ao contrário do Fernando Henrique, possa fazer um segundo mandato melhor do que o primeiro. Até porque estará livre de uma porção de malas e de gente que atrapalhou. Ele vai ter de governar mais, escolher as pessoas, estar mais atento, mais presente.[55]

Lula enfrentou menos crises políticas no segundo governo, viu a popularidade crescer ainda mais (o petista encerrou o mandato com 83% de aprovação, segundo o Ibope), mas seguiu não agradando totalmente a Chico, que continuava achando a gestão petista pouco compromissada com os ideais do partido. O compositor chegou ao ponto de dizer que não enxergava muita diferença entre votar na candidata Dilma Rousseff, ministra por duas vezes na gestão Lula e escolhida por ele para sucedê-lo, ou no tucano José Serra, apoiado por FHC.

Eu confesso, vou votar na Dilma porque é a candidata do Lula e eu gosto do Lula. Mas, a Dilma ou o Serra, não haveria muita diferença. Não vai fugir muito do que está sendo traçado aí. Nem há muito espaço. Os dois vão ter que fazer acordos que não prestam. E vão fazer um governo, que, dentro do possível, seja uma continuação do que está sendo feito até agora. Assim como em certa medida o governo do Lula foi uma continuação do governo do Fernando Henrique.[56]

As falas de Chico desagradaram à mais lulista dos Buarque, Maria Amélia, que, apesar de não digerir bem as críticas, não deu nenhuma declaração expressando o descontentamento com as posições do filho. Diferentemente de Dona Canô, mãe de Caetano Veloso, que reagiu indignada a uma declaração do artista – o baiano justificou o voto em Marina Silva, ex-ministra de Lula e candidata às eleições presidenciais de 2010 pelo PV, fazendo comparações: "Ela é inteligente como o [Barack] Obama e não é analfabeta como o Lula, que não sabe falar, é cafona falando, grosseiro."[57]

Dona Canô decidiu repreender o filho publicamente: "Lula não merece isso. Quero muito bem a ele. Foi uma ofensa sem necessidade. Caetano não tinha que dizer aquilo. Vota em Lula se quiser, não precisa ofender nem procurar confusão."[58] Na época, a imprensa tentou arrancar de Chico alguma declaração, com a esperança de alimentar outro imbróglio familiar. O compositor não entrou na pilha: "Nossas mães são muito mais lulistas que nós mesmos."[59]

Fundadores do PT, amigos desde a década de 1970, Lula e Maria Amélia se tornaram confidentes. Num jantar na casa dela, no Rio, em 2008, ele falou da vontade de apoiar uma mulher para sucedê-lo na presidência e que talvez esta pudesse ser a então ministra da Casa Civil, Dilma Rousseff. Nesse dia, além da anfitriã e o petista, estavam à mesa Marisa Letícia, mulher de Lula, e Ana de Hollanda, uma das quatro filhas de Maria Amélia, que na época morava com a mãe.

No dia 25 de janeiro de 2010, quando a candidatura de Dilma já não era segredo para mais ninguém (no mês seguinte ela deixaria a Casa Civil para se dedicar exclusivamente à campanha eleitoral), Lula voltou ao apartamento de Maria Amélia, em Copacabana, desta vez como um dos convidados da festa de 100 anos da matriarca. Acompanhado de Marisa Letícia e do jornalista Franklin Martins, ministro-chefe da Secretaria de Comunicação Social, o presidente queria aproveitar o rega-bofe para fazer uma aproximação que havia tempos lhe interessava: enturmar Dilma com a família Buarque e o núcleo que a cercava.

Ana de Hollanda ficou com a árdua missão de ciceronear Dilma, fazendo o meio de campo da futura presidenciável com os outros convidados, alguns ansiosos demais para conhecer a candidata indicada por Lula. A ordem era mantê-la afastada dos chatos de sempre e, de preferência, enturmá-la com alguém que não falasse apenas sobre conjuntura política e eleições.

Sem o traquejo social do padrinho, Dilma chegou a revelar desconforto durante alguns momentos do jantar, principalmente quando uma roda se formava em torno dela e alguém tomava a iniciativa de começar uma sabatina. Ana de Hollanda a socorreu a tempo, levando-a ao encontro de Antonio Candido, o sociólogo e crítico literário de quem a presidenciável era fã declarada – de sua mesa, Dilma não saiu até o fim da festa.

POLÍTICA

Em dezembro de 2010, quase um ano depois do jantar na casa de Maria Amélia (falecida meses após o aniversário, no dia 4 de maio), Ana de Hollanda foi chamada para uma audiência em Brasília com Dilma, recém-eleita a primeira mulher a comandar o país ao derrotar o tucano José Serra no segundo turno. A dias de tomar posse, a futura presidente já havia anunciado boa parte do ministério, faltando apenas algumas pastas, como a de Cultura – após fazer seguidas concessões para abrigar partidos da base governista, ela fazia questão que a escolhida para o MinC fosse uma mulher e de preferência não associada a nenhuma corrente política.

Ana de Hollanda lhe pareceu um bom nome. Além de pertencer a uma família historicamente ligada ao PT e ao presidente Lula, que certamente não seria contra a indicação, a irmã mais nova de Chico não tinha o nome associado a nenhum partido. Ela havia deixado a carreira de cantora em segundo plano para se dedicar à gestão cultural, com cargos de direção no Centro Cultural São Paulo, no Museu de Imagem e do Som do Rio de Janeiro (MIS-RJ), e na Funarte.

Desconfiada sobre as razões do encontro em Brasília – não seria convidada, nas vésperas da posse para uma conversa pessoal com a presidenta eleita, apenas para tomar cafezinho ou assumir um cargo de pouca relevância –, Ana viajou disposta a aceitar o convite, mesmo sabendo que a sua indicação para o comando do MinC causaria a imediata reação de setores da política cultural intimamente ligados ao PT, que esperavam emplacar um nome para a pasta.

Ana tinha consciência de que a presença no Ministério de Dilma representaria um fardo para o mais famoso de seus irmãos. E que parte da opinião pública não se furtaria em afirmar que a nomeação havia se dado muito mais por conta da relação de Lula com Chico do que pela sua competência profissional. Nada que representasse uma novidade – desde o começo da carreira como cantora, ainda adolescente, ela convivia com esse tipo de argumento e comparação.

Justamente por tudo isso, Ana não consultou Chico sobre a ida a Brasília e o provável convite de Dilma. Não fazia o menor sentido uma conversa com o irmão sobre um assunto que não lhe dizia respeito. A discrição em pessoa, o compositor jamais se colocaria na posição de aconselhar um irmão sobre o que ele deveria fazer ou não profissionalmente.

Chico soube da nomeação de Ana de Hollanda pela imprensa – e pelos jornais acompanhou a irmã virar a Geni do governo Dilma. O bombardeio vinha de onde se esperava níveis de tolerância maiores: a base governista. Setores da esquerda elegeram Ana a vilã entre os ministros de Dilma e pressionaram, desde o início, pela sua demissão e a imediata substituição por algum nome que desse continuidade ao legado de Juca Ferreira.

Tido como o braço executivo de Gilberto Gil, ministro da Cultura durante boa parte do governo Lula, Juca assumiu o MinC em 2010 após a saída do músico, sendo determinante para a consolidação de políticas públicas que se tornaram o carro-chefe da gestão de Gil, como os pontos de cultura, que garantiam recursos públicos a coletivos culturais em diferentes locais do país. Ana era acusada de diminuir os investimentos em programas como esse, muito ligados à gestão anterior, o que ela sempre negou.

O fogo amigo era quase diário. Antes de assumir a presidência da Casa Rui Barbosa, órgão do MinC sediado no Rio, o sociólogo Emir Sader foi flagrado, durante uma conversa com jornalistas, chamando Ana de Hollanda, a futura chefe, de "meio autista". A conversa vazou e criou o primeiro embaraço para Dilma, já que Sader, um quadro histórico do PT, havia sido uma indicação do partido. Solidária à ministra, Dilma cancelou a nomeação do sociólogo.[60]

As críticas não partiam apenas de militantes petistas e de nomes ligados à gestão Gilberto Gil/Juca Ferreira. A atriz Fernanda Montenegro e a filósofa Marilena Chauí chegaram a assinar manifestos pedindo a demissão de Ana, acusando a ministra de falta de habilidade e experiência para lidar com questões estruturais de um ministério conhecido por suas complexidades e deficiências orçamentárias.

O clima se tornou ainda mais pesado após a participação da ministra numa audiência pública na Assembleia Legislativa de São Paulo, em maio de 2011. O que era para ser um debate de Ana com representantes de en-

POLÍTICA

tidades culturais se tornou uma batalha desigual entre a ministra e grupos de militantes, a maioria ligada ao PT e ao PCdoB, contrários à sua gestão.

Após levar beliscões e um tapa, Ana teve que ser escoltada até o carro que a trouxera, estacionado no pátio da Assembleia. Dentro do veículo, um novo susto: havia uma pessoa dentro do carro, escondida, pronta para atacá-la. O agressor foi contido e preso por policiais. Ana não jogou a toalha. Ela conta, em depoimento ao autor:

> O gabinete do ódio não foi criado no governo Bolsonaro. Logo depois da minha posse, criou-se uma rede muito bem organizada com o objetivo claro de me intimidar e forçar minha saída. E estava muito evidente que esse grupo tinha ligações com o Juca [Ferreira], o meu antecessor. Eles achavam que, por eu ser pequenininha, franzina, a irmã mais nova do Chico, sairia correndo no primeiro grito. Mas eu resisti. Fiquei de pé. Eles tentaram primeiro me derrubar usando a força política. Foram pedir minha cabeça várias vezes para a presidenta Dilma. Ela sempre negava. Os ataques então se tornaram mais violentos e covardes. Eu entrava no Facebook e havia centenas de comentários de pessoas me xingando de puta, de vadia. Nos vídeos no Youtube, dos meus shows, a mesma coisa. Diziam que a minha voz era horrorosa, que eu desafinava. Tenho quase certeza que eles usaram robôs para me atacar, pela quantidade de comentários repetidos. Eu acho que foi um balão de ensaio do que aconteceu depois com a própria presidenta Dilma, a tentativa diária de desqualificá-la nas redes sociais, ridicularizando as suas falas. Ataques contra uma mulher, vindos de uma rede organizada por homens. Eles nunca fariam isso com o Lula.

Em setembro de 2011, Dilma anunciou a saída de Ana de Hollanda do Ministério da Cultura. Com a demissão, o Planalto resolvia dois problemas numa tacada só: nomeava para uma pasta complicada um quadro expe-

TROCANDO EM MIÚDOS: SEIS VEZES CHICO

riente, a senadora Marta Suplicy (PT-SP), conhecedora dos meandros da política e que certamente saberia lidar melhor com as vicissitudes do MinC, e ainda ganhava um cabo eleitoral de peso para a campanha do ex-ministro Fernando Haddad à prefeitura de São Paulo, marcada para o ano seguinte.

Ex-prefeita de São Paulo, Marta desejava se candidatar novamente ao cargo, mas acabou ficando fora da disputa por uma decisão do ex-presidente Lula, que preferiu lançar o ex-ministro da Educação Fernando Haddad. A senadora, magoada, ameaçou ficar neutra na corrida paulistana, o que diminuiria as chances de vitória de Haddad, por conta da força eleitoral de Marta na periferia de São Paulo. Lula contornou a situação oferecendo à senadora o Ministério da Cultura.

Ana de Hollanda sabia que, em algum momento, o jogo político a tiraria de cena. Ela conta que ficou feliz por, ao menos, contribuir indiretamente para a vitória de Haddad, em 2012:

> Na primeira vez que me reuni com a presidenta Dilma, ela me alertou. "Olha, você vai receber muitos pedidos do PT. E quando isso acontecer, conversa com o [Antonio] Palocci [ministro-chefe da Casa Civil]." Eu acomodei no ministério vários quadros do PT, indicados pelo partido, e procurei ficar distante das divisões internas, que eram muitas. Quando eu tive que demitir uma secretária, a Marta Porto [Cidadania e Diversidade Cultural], indicada pelo PT, o Gilberto de Carvalho [ministro-chefe da Secretaria Geral da Presidência] tentou reverter minha decisão, mas não conseguiu. O Gilberto, um quadro de confiança de Lula, era sabidamente um cara dos bastidores, uma espécie de leva e traz do ex-presidente. Eu não confiava nele e a Dilma também não — ela me disse isso numa das nossas conversas. Toda vez que o Gilberto tentou reverter uma decisão minha, não conseguiu. Dilma bancava minhas posições. Agora ela não teve como evitar o arranjo de forças políticas que resultou na minha saída. Quando marcaram uma reunião minha com a Dilma sem dizer qual

era a pauta, eu já suspeitei que se tratava da minha saída. O engraçado é que nesse dia ela, sempre direta e franca, começou a dar voltas para tentar explicar a situação: "Ana, você sabe que em política a gente nem sempre faz tudo o que quer .." Eu percebi uma certa hesitação e a interrompi: "Presidenta, está tudo certo. Se a minha demissão vai ajudar Haddad a se eleger em São Paulo, acho que está até barato." Ela se emocionou e me abraçou. Nossa relação foi boa até o final.

A saída de Ana repercutiu imediatamente entre a classe artística. O ex-ministro Gilberto Gil, até então discreto – das poucas vezes que se manifestou foi sempre para se queixar da falta de investimentos no programa pontos de cultura –, achou que a decisão do governo promoveria avanços na gestão cultural. "São abalos sísmicos naturais do terreno político (...) Tenho andado por aí e vejo queixas de um certo esmorecimento do ânimo ministerial. Espero que com a nova gestão essa retomada se dê num nível razoável."[61]

Chico falou pela primeira vez publicamente sobre o assunto, expondo o incômodo de ver Ana sendo sistematicamente atacada por pessoas que, teoricamente, por estarem do mesmo lado, no campo progressista, deveriam no mínimo se comportar de uma maneira mais tolerante e menos raivosa. Para o compositor, se a presença de Ana incomodava tanto o seu antecessor, que ele continuasse à frente da pasta. "Para mim, o mais confortável era que o Juca Ferreira continuasse sendo ministro. Até mesmo para que as pessoas xingassem o Juca Ferreira e não a minha irmã nos jornais."[62]

A popularidade de Dilma, em níveis altos no primeiro ano de governo, despencou ao longo do mandato. A deterioração dos principais indicadores econômicos e as jornadas de junho de 2013 – atos contrários ao aumento das tarifas de transporte público, que se transformaram em uma revolta generalizada contra a corrupção e a falta de serviços públicos – não foram suficientes, porém, para impedir a reeleição da presidenta no segundo turno, com uma pequena margem de votos em relação ao segundo colocado, o tucano Aécio Neves.

Dilma iniciou o segundo mandato ainda mais pressionada. Pouco vocacionada para o poder, sem conseguir contornar a crise política e econômica, enfrentou novamente uma onda de protestos. Em novembro de 2015, dois meses após o Datafolha registrar a maior taxa de rejeição à presidenta (71%), a oposição entregou a Eduardo Cunha, presidente da Câmara, um pedido de impeachment, assinado pelos juristas Hélio Bicudo e Miguel Reale Júnior e pela advogada Janaína Paschoal.

Chico, até então discreto no apoio ao governo Dilma – ele reconhecia as conquistas das gestões petistas, sobretudo no campo social, mas achava que o partido pecava em reproduzir práticas de governos anteriores –, posicionou-se ativamente contra o processo de impeachment, assinando manifestos e comparecendo a atos públicos ao lado da presidenta.

O compositor passou, então, a ser alvo, em doses maiores, da máquina de ódio e desinformação que a irmã experimentara cinco anos antes. A diferença era que, no seu caso, não se tratava de fogo amigo. Os inimigos eram os mesmos conhecidos de sempre, a direita e a extrema direita – essencialmente diferentes, mas visceralmente unidos na campanha contra Dilma e os seus apoiadores.

Na noite de 21 de dezembro de 2015, semanas após Eduardo Cunha autorizar a abertura do processo de impeachment de Dilma, Chico, ao deixar um restaurante no Leblon, foi parado e hostilizado por um grupo antipetista. O compositor estava na companhia de cinco amigos, entre eles Cacá Diegues. O cineasta conta, em depoimento ao autor:

> A gente convive com esse tipo de patrulha, vinda de todos os lados, há muito tempo, desde o começo das nossas carreiras. E Chico sempre lidou com tudo isso de uma maneira mais saudável do que todos nós, de um jeito muito menos mercurial. Ele realmente dá pouca importância a esse tipo de coisa, não está nem aí, tende a achar graça, enquanto a gente sofre, fica furioso. Mas nessa noite no Leblon ele ficou realmente mal. Não por ser xingado e atacado na rua, o que não havia acontecido nem na época da ditadura. Mas pelo excesso de

POLÍTICA

burrice e mediocridade dos caras. Ele foi lá enfrentá-los, disposto a iniciar um debate, mas os caras só conseguiam dizer que ele era um merda de um comunista com apartamento em Paris. Tudo aquilo o assustou muito, como se pensasse: "Essa gente de extrema direita, tão burra e ignorante, saiu toda do armário e é capaz de comprar todo e qualquer discurso de ódio. É melhor eu ficar atento."

Os detratores de Chico foram chamados de fascistas – os defensores, de comunistas. O compositor se recolheu e, a partir desse episódio, passou a se sentir menos à vontade no Rio, restringindo as caminhadas na orla e a ida a restaurantes – apesar da reação imediata dos fãs, que convocaram seguidos atos de desagravo, um deles exatamente no lugar onde se deram as agressões.

De Belo Horizonte, veio a homenagem mais bem-humorada. Os compositores Marcos Frederico e Vitor Velloso venceram um concurso de marchinhas com a música "Não enche o saco do Chico":

> Se encontrar o Chico na rua e não tiver nada pra dizer
> Talvez seja melhor ficar na sua ou achar outro saco pra encher.

O melhor estava reservado para o refrão:

> Não fode, não fode playboy patriota de araque.
> Não pode, não pode encher o saco do Chico Buarque.

Chico fez referências ao episódio um ano depois, de maneira muito mais sutil e irônica, em "Desaforos", canção do álbum *Caravanas*:

> Nunca bebemos
> Do mesmo regato
> Sou apenas um mulato que toca boleros
> Custo a crer que meros lero-leros de um cantor
> Possam te dar
> Tal dissabor

TROCANDO EM MIÚDOS: SEIS VEZES CHICO

Há outras menções no disco sobre a escalada da intolerância e o aprofundamento das desigualdades e outros retrocessos. O pior ainda estava por vir.

O afastamento de Dilma, os desmandos praticados pelo lavajatismo e a prisão de Lula em Curitiba – Chico foi visitá-lo em agosto de 2018, na companhia do sambista Martinho da Vila – serviram de motor para a ascensão do deputado Jair Bolsonaro, um ex-capitão do Exército nostálgico da ditadura militar, que até então havia transitado pela política brasileira sem qualquer expressividade – mas que acabou se tornando o primeiro líder da extrema direita eleito presidente do Brasil, em outubro de 2018.

O curioso é que numa das poucas vezes que foi mencionado com certo destaque na imprensa, antes da vertiginosa escalada política, Bolsonaro defendeu uma mesma causa de Chico. O deputado também era contrário à publicação de biografias não autorizadas, tema que será aprofundado mais adiante. A primeira e única vez que os dois estiveram no mesmo lado da história.

Em 2013, no auge da celeuma, Bolsonaro passou a ventilar a tese de que ele era o precursor da luta contra as biografias não autorizadas – e não o Procure Saber, a associação criada por Chico e outros seis artistas com o objetivo de manter a exigência de autorização prévia para a publicação de biografias.

Em entrevista à revista *Época*, o então deputado do baixo clero do PP do Rio saudou os novos aliados: "Dou-lhes boas-vindas em nome do clube dos sensatos. Até concordo com Chico Buarque, Caetano Veloso e Gilberto Gil que é preciso alguma censura. Aproveitarei a oportunidade para mostrar a eles que regras e proibições não atentam contra a democracia."[63]

Difícil dizer o que mais atentou contra a até então irretocável biografia de Chico: embarcar num lobby a favor da censura prévia ou ser chamado de sensato por Jair Messias Bolsonaro.

Durante a corrida presidencial de 2018, Chico passou a ser atacado quase diariamente por militantes bolsonaristas, que, entre outras aberrações, atribuíram a maciça adesão de artistas como ele à candidatura do petista Fernando Haddad ao medo de perder antigas benesses – no caso, "o privilégio de viver às custas da Lei Rouanet".

POLÍTICA

Um vereador de Angra dos Reis (RJ) gravou um vídeo chamando Chico de "pilantra", "subversivo" e "vagabundo", além de acusá-lo de ser beneficiado pela isenção de pagamentos de impostos e por uma "bolsa ditadura" no valor de R$ 33 mil mensais. Enquanto isso, Olavo de Carvalho, principal ideólogo da candidatura de Bolsonaro, também nas redes sociais, chamava Chico de "monstro criminoso".

Eleito, Bolsonaro, por meio de uma medida provisória, extinguiu o Ministério da Cultura, reduzindo-o a uma secretaria subordinada à pasta de Turismo. O presidente justificou a decisão: "Hoje, o Ministério da Cultura é apenas um centro de negociações da Lei Rouanet." Dados do próprio MinC indicavam que a Rouanet representava apenas 0,3% das isenções fiscais brasileiras, mas tinha um impacto significativo na economia: para cada real investido, era gerado R$ 1,59.

Chico, irônico, comemorou o corte. "Só posso dizer o seguinte: em vista da qualidade dos ministros deste Governo, acho que é preferível que a cultura não tenha ministério."[64] O alívio do compositor seria ainda maior se a Secretaria Especial de Cultura fosse igualmente extinta. Seu primeiro gestor, o dramaturgo Roberto Alvim, gravou um vídeo em que reproduzia parte do discurso de Joseph Goebbels, ministro da Propaganda na Alemanha nazista.

Demitido, Alvim deu lugar à ex-atriz Regina Duarte, que, mesmo demonstrando uma fidelidade canina ao presidente, durou apenas dois meses no cargo. Bem menos que o sucessor, o dublê de ator Mário Frias, fiel ao presidente e aos seus métodos. Ao impedir um festival de jazz na Bahia de captar recursos via Lei Rouanet, o secretário justificou a decisão: "O objetivo e finalidade maior de toda música não deveria ser nenhum outro além da glória de Deus e a renovação da alma."[65]

Enquanto isso, Chico continuava sendo alvo da máquina de difamação bolsonarista. Para Bibo Nunes, deputado do PSL pelo Rio Grande do Sul, Mário Frias demonstrava coragem no combate a antigos privilégios. "Antes, só se incentivava a cultura com seus apaniguados. Se dava dinheiro aos Chicos Buarques da vida, ao Caetano Veloso, músicos já consagrados, para apoiarem o governo."[66]

Chico acionou Nunes judicialmente e também o governador do Rio Grande do Sul, Eduardo Leite (PSDB). Em meio ao clima de beligerância política imposto ao país, alimentado pelo governo federal, Leite propôs um armistício. Na véspera do feriado de 7 de setembro de 2021, quando estavam previstas manifestações contra e a favor de Bolsonaro, o governador colocou no ar uma peça publicitária falando da necessidade de unir novamente o Brasil.

> Não precisamos pensar todos iguais para sermos todos o mesmo Brasil. Basta aceitar, respeitar, conversar com as nossas diferenças. Basta ver no Chico Buarque e no Sérgio Reis duas belezas musicais e não só duas escolhas políticas. Basta lembrar que nós, assim como eles, somos todos brasileiros.[67]

O vídeo publicitário enfureceu Chico. Sem autorização, Leite propunha unir o país atrelando a sua imagem à do cantor e ator Sérgio Reis. Um mês antes, o sertanejo havia gravado um áudio num grupo de WhatsApp conclamando caminhoneiros a invadirem a sede do Supremo Tribunal Federal (STF): "Se em trinta dias não tirarem os caras nós vamos invadir, quebrar tudo e tirar os caras na marra."[68] Em fevereiro de 2022, Leite foi condenado a pagar R$ 40 mil a Chico por danos morais.

Mais surpreendente do que ver sua imagem associada a um bolsonarista de quatro costados em peça de propaganda política de um governador tucano, foi ouvir uma das suas mais emblemáticas canções de resistência à ditadura militar servindo de trilha para uma publicação nas redes sociais feita pelo deputado federal Eduardo Bolsonaro. Em novembro de 2022, o terceiro filho do presidente usou a música "Roda viva" em uma postagem no Facebook na qual denunciava supostos desmandos do judiciário brasileiro: "O Brasil está sob censura. Numa ditadura a primeira a morrer é a liberdade de expressão e imprensa."

Chico solicitou na Justiça a imediata retirada da canção da postagem e uma indenização por danos morais no valor de R$ 48 mil. "Se ver posando de garoto-propaganda de uma campanha política da qual é veementemente contrário e que, diga-se, lhe impingiu o exílio, tem sido muito doloroso para ele", afirmou a petição inicial de João Tancredo, advogado do compositor.[69]

Um dia depois do requerimento, a surpresa: a juíza Mônica Ribeiro Teixeira, do 6º Juizado Especial Cível da Lagoa, zona sul do Rio de Janeiro, indeferiu o pedido feito pela defesa alegando falta de comprovação sobre quem era o autor de "Roda viva". Era isso mesmo: a magistrada condicionava o julgamento à prova de autoria da canção.

Incrédulos, os advogados de Chico trataram de montar um dossiê com todo tipo de informação que comprovasse que o cliente era, sim, o autor de "Roda viva" – o próprio Eduardo Bolsonaro, na postagem, atribuía a canção ao compositor. A juíza não deu o braço a torcer e manteve a decisão: "A sentença embargada não apresenta obscuridade, contradição, omissão ou dúvida. Assim, conheço os embargos e não lhes dou provimento."[70]

Os versos de "Roda viva", cantados por Chico, embalaram por mais três semanas a postagem de Eduardo Bolsonaro – para desgosto ainda maior do compositor, o post do deputado no Instagram havia sido colocado no ar ao lado de um mosaico com fotos de representantes da extrema direita brasileira, como o empresário Luciano Hang, os deputados Carla Zambelli e Nikolas Ferreira e o jornalista Augusto Nunes. Em dezembro de 2022, a Justiça do Rio determinou a retirada da publicação, mantendo o valor da indenização por danos morais pedida pelo compositor.

Em 2019, Chico havia sido agraciado com o Prêmio Camões de Literatura, o maior concedido a autores da língua portuguesa. Pelas regras, o diploma só poderia ser entregue ao vencedor se ele fosse assinado pelo então presidente do Brasil. Não se criou uma saia-justa: Bolsonaro não pretendia entregá-lo a um "comunista", um histórico eleitor de Lula, tampouco Chico aceitaria receber a maior honraria de sua carreira das mãos de um entusiasta da tortura. "A não assinatura do Bolsonaro no diploma é para mim um segundo Prêmio Camões."

O tempo tratou de ajustar as coisas. No dia 24 de abril de 2023, com quatro anos de atraso, o prêmio foi finalmente entregue ao compositor e escritor. Presente no salão nobre do Palácio Nacional de Queluz, Lula, eleito presidente no ano anterior, saudou o homenageado, com direito a alusões a "Apesar de você" e à recente "Que tal um samba?", duas das mais emblemáticas – e políticas – canções de Chico:

> Esse prêmio é uma resposta do talento contra a censura, do engenho contra a força bruta, um prêmio escolhido por una-nimidade por jurados de Portugal, do Brasil, de Angola e de Moçambique. Hoje já é outro dia.

Coube ao próprio agraciado o discurso mais emocionante e contundente da cerimônia:

> No que se refere ao meu país, quatro anos de governo funesto duraram uma eternidade. Hoje, porém, reconforta-me lembrar que o ex-presidente teve a rara fineza de não sujar o diploma do meu Prêmio Camões, deixando seu espaço em branco para a assinatura do nosso presidente Lula. Recebo este prêmio menos como uma honraria pessoal, e mais como um desagravo a tantos autores e artistas brasileiros humilhados, ofendidos nestes últimos anos de estupidez e obscurantismo.[71]

2. LITERATURA

A palavra como eixo de vida

Chico é um escritor que compõe canções ou um músico que escreve livros? Por muito tempo, ele mesmo parecia não saber se era uma coisa ou outra – e até hoje é um pouco assim. Em 2004, aos 60 anos, resignado, declarou: "É, eu moro no limbo."[1] Referia-se à dificuldade de ser reconhecido pela classe literária, visto como um aventureiro que se dedica nas horas vagas, por hobby ou vaidade, a escrever romances – "mesmo quando vou a festivais de livros, lançamentos, é sempre 'músico'".[2] O mesmo acontece na profissão que o projetou artisticamente: "Os músicos vivem dizendo: 'Chico é um poeta.'"[3] Com os textos teatrais, mais esporádicos, não é diferente. "No próprio meio teatral há um ressentimento da crítica ao fato de eu escrever teatro."[4] Mas pode-se afirmar – e isso certamente lhe basta – que ele tem a palavra escrita como eixo de vida.

Em entrevista ao jornal argentino *Clarín*, em 1999, Chico confessou que se via como um artista mais inovador na literatura do que nas letras de suas canções – pelo maior conhecimento literário do que musical. "Eu lia muito quando era pequeno, lá em casa as paredes eram cobertas de livros. Eu me sentia feliz lendo (...). Eu queria ser escritor, achava que ia ser escritor."[5]

O desejo impôs um grande desafio ao adolescente: adentrar o escritório do pai, o espaço do casarão da rua Buri, no bairro do Pacaembu, em São Paulo, onde a fartura de livros era ainda maior, inacessível para todas as crianças da casa, com exceção da filha favorita do dono do pedaço, um dos maiores intelectuais brasileiros. Ana de Hollanda, a sexta dos sete filhos do historiador Sérgio Buarque de Holanda, era a única autorizada a entrar – e sem bater.

Chico morria de ciúme. "O escritório dele era fechado, ele ficava lá e crianças eram indesejadas, a não ser a filha preferida – meu pai tinha a filha preferida, ela podia entrar (...). Só ela podia ir lá, na cadeira dele, sentava no colo dele, mexia nos papéis dele, o resto não entrava."[6] E mesmo quando

Sérgio abria uma exceção e chamava para dentro os três filhos homens – Sergito, Álvaro e Chico –, a visita durava apenas alguns minutos, como conta Ana de Hollanda, em depoimento ao autor:

> Quando papai parava de trabalhar, lá pelas sete da noite, ele dava um grito, me chamando. Eu ia correndo. Tinha adoração por ele e por aquele ambiente, fascinante para qualquer criança de dez, onze anos. Papai tinha sempre algo interessante para contar, muitas vezes algo ligado ao que ele estava pesquisando. Ficava com aquilo na cabeça e ia me falando. Eu me lembro dele contando, e eu fascinada, sobre as cobras e suas características – na época, ele estava escrevendo *Visão do Paraíso* [lançado em 1959, uma das obras-primas da historiografia brasileira]. Ele gostava também de ler trechos de clássicos da literatura, que ele tinha lido no original, e ia traduzindo para mim. Quase sempre, literatura francesa. E toda vez que se chegava num pedaço mais picante, ele dizia para eu sair e dava um novo grito, chamando os filhos homens. Eles entravam, eu ficava do lado de fora, ouvindo e rindo à beça, e depois era chamada de volta. Isso durava uns cinco minutos, no máximo. Um raro e momentâneo momento de cumplicidade entre papai e os filhos homens. Isso só começou a se quebrar quando Chico, apenas ele, começou a ler vorazmente, o que acabou se tornando a senha para ele entrar no território sagrado de papai e não sair mais.

Além de manifestar interesse em ler sobre tudo, Chico mostrou a Sérgio as primeiras crônicas, publicadas no jornal do Colégio Santa Cruz. "Só houve acesso ao escritório do meu pai quando levei os meus primeiros escritos, e ele, apesar de eu ser um garoto de quinze anos, levou a sério, me estimulou a escrever. É claro, pichando aquilo que estava escrito ali, dizendo: 'Você tem de ler mais.'"[7]

LITERATURA

Chico fez a lição de casa. Já gostava de Rubem Braga, Fernando Sabino, Paulo Mendes Campos e Henrique Pongetti, os quatro cronistas fixos da revista *Manchete*, assinada por Sérgio – os rascunhos levados ao pai eram textos inspirados nos mestres do gênero –, e passou a ler tudo que estivesse ao alcance. "Lembro de ter visto o segundo livro do Rubem Fonseca, *Coleira do cão*, em cima do piano. O livro estava lá, dando sopa. Meu pai ainda não tinha lido, mas falou: 'Antonio Cândido disse que é muito bom'. Aí, claro, eu peguei pra ler."[8]

Os clássicos franceses lidos no original o fascinaram – e garantiram passe vitalício ao escritório do pai. Chico encantou-se especialmente por Louis-Ferdinand Céline, assim como devorou tudo que pôde de Albert Camus, Honoré de Balzac, Stendhal, Jean-Paul Sartre, André Gide e Gustave Flaubert. Queria escrever como eles. Depois desejou escrever como os russos – e também lê-los no original.

De temperamento obsessivo, Chico frequentou por alguns meses o curso de língua e literatura russa ministrado pelo ensaísta e tradutor Boris Schnaiderman, na Faculdade de Filosofia, Letras e Ciências Humanas (FFLCH) da Universidade de São Paulo. "Era uma atitude um pouco exibicionista, até que um colega me deu uma debochada: 'Mas você só vem com esses livros para cá, por que não lê literatura brasileira?' Eu respondi: 'Você tem razão'. E comecei a ler o que não havia lido até então."[9]

E tome Lima Barreto, Mário de Andrade, Oswald de Andrade, José Lins do Rego, Manuel Bandeira, Clarice Lispector, Graciliano Ramos, Carlos Drummond de Andrade, João Cabral de Melo Neto, Machado de Assis e Guimarães Rosa, o preferido entre os brasileiros. Admiração iniciada com *Sagarana*, depois *Corpo de baile*, até chegar ao arrebatamento total com *Grande sertão: veredas*.

Chico enlouqueceu com Guimarães. Não só com a capacidade de fabulação do autor mineiro, mas sobretudo pela ousadia de levar o experimentalismo linguístico tão longe, escrevendo prosa poética, ligado em todos os sons e sentidos, fonema a fonema. Depois de tentar imitar (sempre os preferidos) Rubem Braga, Céline, Dostoiévski, Fitzgerald, Chico encasquetou que poderia emular Guimarães:

73

TROCANDO EM MIÚDOS: SEIS VEZES CHICO

Teve uma época que eu só lia Guimarães Rosa. Eu queria ser Guimarães Rosa (...). Quando gravei minha primeira música ["Pedro pedreiro"] – hoje eu me envergonho um pouquinho disso, porque é difícil você querer ser Guimarães Rosa –, inventei esse "penseiro" [Pedro pedreiro penseiro esperando o trem / Manhã, parece, carece de esperar também], é claro que pra fazer uma rima, uma aliteração (...), mas era aquela coisa de achar que parecia Guimarães Rosa. Parece nada.[10]

Ao compor as primeiras músicas, Chico não fazia a mínima ideia do que estava por vir. Só pensava em arrumar uma profissão para poder dar cabo do sonho de virar escritor. Decidiu, por exclusão, cursar arquitetura. "Pensava: 'vou ser escritor'. Mas não adianta estudar letras, tinha de ter uma profissão. Nenhum escritor vivia de ser escritor. Meu pai era professor, os outros escritores tinham outra profissão. A exceção clássica era o Jorge Amado. Eu não ia ser advogado, nem médico, nem engenheiro, nem administrador, e fui para arquitetura, que tinha alguma coisa a ver com arte."[11]

O pai fez de tudo para estimulá-lo. Recomendou novos livros, revisou textos com o rigor habitual e conseguiu emplacar um conto de Chico ("Ulisses") no *Suplemento Literário*, o prestigiado caderno de literatura do *Estadão*, editado por Décio de Almeida Prado – que havia sido indicado à família Mesquita, proprietária do jornal, por Antonio Candido, um dos maiores amigos de Sérgio Buarque.

O conto "Ulisses" saiu na edição do dia 30 de julho de 1966, dividindo a página três com textos de outros dois autores, ninguém menos que o poeta Augusto de Campos e o crítico literário Otto Maria Carpeaux. Apesar do sobrenome respeitável, não causou maiores repercussões. Bem diferente do que aconteceria menos de três meses depois, com Chico estampando, sozinho, a capa dos grandes cadernos culturais do país. Mas como o autor e intérprete de "A banda".

O estudante de arquitetura passou a viver de música, mas o sucesso como cantor e compositor não viabilizou o escritor. Pelo contrário, suspendeu-o no nascedouro, por tempo indeterminado. "Começou essa intensidade da vida e perdi um pouco dessa cultura de livros",[12] disse Chico, em 1970.

74

LITERATURA

Três anos depois, numa conversa com Ênio Silveira, diretor da editora Civilização Brasileira, responsável pela publicação de *Calabar* (a peça escrita em parceria com Ruy Guerra e proibida pelos militares – tema que abordaremos adiante) e de muitas outras obras de resistência à ditadura, Chico comentou sobre os escritos guardados numa gaveta, submetidos ao crivo do pai, e da vontade, abortada pelas circunstâncias da vida, de ser escritor.

Ênio o encorajou a escrever um livro e propôs uma coletânea de contos, um gênero já exercitado pelo autor. Chico descartou, de imediato, a sugestão. Não se achava um bom contista, no máximo um imitador barato de Guimarães Rosa. "O mais difícil para mim quando vou escrever, seja literatura ou música, é começar (...). E, para escrever contos, vou ter que começar várias vezes."[13]

Chico optou então por escrever um romance, decisão que não resultou, como ele previa, em menos sofrimento. Foram nove meses trancado no quarto para tristeza das filhas pequenas, dos companheiros de copo e dos parceiros de futebol, que se surpreenderam com a ausência do peladeiro – mesmo na mais intensa agenda de shows e gravações, ele sempre dava um jeito de jogar.

O aspirante a escritor descobriu que, quando se trata de literatura, nada é negociável, muito menos o tempo. Ou se para tudo para fazer ou simplesmente não se faz. "Em cinco anos de trabalho, minha bagagem literária se resumia a dois contos. Agora senti que se você não se dedica diariamente, durante muitas horas, nunca fará nada. As coisas ficam sempre pela metade (...) Deixei de lado o botequim, o cinema, o teatro e não larguei mais o livro."[14]

Do esforço prussiano nasceu a novela pecuária *Fazenda modelo*. Sérgio Buarque, o primeiro a ler os originais, aprovou. Amigos também, dando confiança ao autor. Chico, apesar de ter gostado do resultado, ficou indeciso se deveria publicar ou não. "Eu estava inseguro, curtindo uma coisa sem saber se valia ser curtida (...). Meu medo, minha ansiedade e insegurança passaram muito depois que algumas pessoas leram e gostaram."[15]

Ênio Silveira, autor da orelha, empolgou-se com o livro do estreante: "De Rabelais a George Orwell, passando por Cervantes, Swift, Kafka,

Huxley, sempre houve ao longo da história da literatura universal quem se valesse da alegoria ou do grotesco, do suprarreal ou do onírico para melhor comunicar suas dúvidas e críticas a respeito de usos e costumes (...) *Fazenda modelo — novela pecuária* é mais uma importante manifestação da sua capacidade intelectual. Valendo-se do alegórico e do grotesco com brilhante apuro literário e singular equilíbrio formal, Chico Buarque oferece-nos uma obra que, partindo da insólita aparência, leva-nos às mais sérias meditações sobre o dia a dia."

A crítica literária mostrou muito menos entusiasmo. Parte dela acusou Chico de ter feito, sem dar o devido crédito, uma adaptação livre de *A revolução dos bichos* (1945), de George Orwell (um dos escritores citados no prefácio de Ênio Silveira). Em ambos os livros, os protagonistas são animais vivendo uma situação opressiva. A obra do autor inglês é entendida como uma crítica ao totalitarismo praticado por Stalin na União Soviética, enquanto a do brasileiro satiriza a ditadura militar de seu país.

Chico, no entanto, nega de pés juntos que tenha plagiado Orwell, alegando não ter lido *A revolução dos bichos*, e que até então nem ouvira falar desse clássico da literatura mundial – confissão curiosa para quem era um voraz frequentador da imensa biblioteca de seu pai. Mas foi o que afirmou ao jornal *O Pasquim* em 1975: "Não li *Animal farm* [título original]. Nem tinha ouvido falar (...). Não li mesmo. Agora não vou ler. Eu conhecia o Orwell de nome, de *1984* [outro clássico do autor]."

Na mesma entrevista ao *Pasquim*, Chico queixou-se das críticas à *Fazenda modelo*, todas negativas. A única positiva, que segundo ele seria publicada na *Última Hora*, acabou vetada por pura implicância do jornalista Giba Um, diretor do jornal: "Em *O Globo* saiu uma besteira, um cara dizendo que é desabafo. Desabafo é a puta que o pariu! Na *Veja*, talvez por eu ser um romancista estreante, convocaram um crítico estreante (...). A *Última Hora* também foi sacanagem. A crítica foi muito boa, mas o tal de Giba Um não deixou sair. Aí é fogo, né."

Com o tempo, o próprio autor reconheceria as fragilidades de seu primeiro romance, lançado em 1974. "Escrevi naquela época porque tinha muitas músicas que eram censuradas. Mas não foi um bom livro, porque foi escrito por um outro tipo de necessidade, porque eu não podia escrever música, foi escrito com raiva."[16]

Mesmo depois de produzir outras duas obras – uma destinada ao público infantil, *Chapeuzinho Amarelo*, em 1979, e a outra um poema-narrativo, *A bordo do Rui Barbosa*, escrito nos anos 1960 e publicado em 1981 –, ele avalia que a carreira de escritor só seria inaugurada pra valer com o romance *Estorvo*, de 1991.

Em 1989, o compositor enfrentara, não pela primeira vez, um longo período de estagnação. "Durante um ano não consegui fazer porcaria nenhuma."[17] Até pensou que dessa vez a crise pudesse se prolongar por mais tempo. E tomou uma providência. "Após passar um ano sem escrever canções, me disse: 'algo anda mal; tenho que tentar outra coisa'. Então, escrevi meu primeiro romance e as pessoas começaram a aceitar a ideia de que posso ser um escritor razoável."[18]

Na verdade, Chico possuía condições de se tornar um escritor muito mais do que mediano. Um letrista tão brilhante quanto metódico teria que fazer um extremo esforço negativo para produzir má literatura. Foram esses argumentos usados por amigos e familiares para convencê-lo a sentar a bunda na cadeira e começar a parir *Estorvo*.

Ao criar, Chico não começa do zero. Mesmo em momentos de bloqueio criativo, a cabeça continua trabalhando. Um vício do compositor, de um obcecado pelas palavras e suas construções. "Provavelmente, o livro já estava se escrevendo desde algum tempo na minha cabeça (...). *Estorvo* resulta um pouco da minha curiosidade pela palavra, pela linguagem."[19]

O músico não ajuda apenas a financiar o romancista – ele é um aliado imprescindível no sempre árduo desenrolar da escrita. "Eu tenho a impressão de que existe um certo ritmo na literatura para quem está habituado a trabalhar com música que é peculiar. Existe, mesmo sem querer, um ritmo próprio de quem está acostumado a trabalhar com literatura oral. São palavras que foram escritas para serem ditas. Não é que eu saia lendo meu livro em voz alta, mas é que em algum pedaço da cabeça procuro um ritmo. Porque acho que, se não houver esse ritmo, vou rejeitar aquela frase, vai parecer que ela não está correta, que está manca."[20]

TROCANDO EM MIUDOS: SEIS VEZES CHICO

Guimarães Rosa, uma referência constante para Chico, disse algo parecido numa conversa com o crítico alemão Günter Lorenz, em 1965: "Sou precisamente um escritor que cultiva a ideia antiga, porém sempre moderna, de que o som e o sentido de uma palavra pertencem um ao outro. Vão juntos. A música da língua deve expressar o que a lógica da língua obriga a crer. (...) Cada autor deve criar seu próprio léxico, e não lhe sobra nenhuma alternativa; do contrário, simplesmente não pode cumprir sua missão."[21]

Durante o parto de *Estorvo*, Chico contou com estímulo e ajuda de outro ídolo literário, Rubem Fonseca, seu principal incentivador. Uma amizade iniciada em 1984, nas Diretas Já, nas reuniões e debates no teatro Casa Grande, no Rio, um dos QGs do movimento cívico. O autor de *Feliz ano novo*, sempre discretíssimo, não era visto na linha de frente, mas redigiu muitos dos discursos lidos nos palanques, alguns deles com a contribuição do compositor.

Os laços estreitaram-se naturalmente alguns anos depois, quando Silvia Buarque, primogênita de Chico, começou a namorar um dos filhos do escritor, José Henrique – os dois se casariam em março de 1989. Durante um encontro em família, Zé Rubem, como era chamado pelos amigos, sugeriu ao compositor que aceitasse publicar uma antologia de suas letras, um sonho antigo do editor Luiz Schwarcz, dono da Companhia das Letras.

Chico resistia à ideia, achando que tudo aquilo não fazia sentido. Eram letras de música e não literatura. "Como não? Vai dizer que 'Pedro pedreiro' não é poesia, porra?",[22] questionou Fonseca. *Chico Buarque: letra e música*, com prefácio de Tom Jobim, saiu em 1989, alcançando em poucos meses a marca de 30 mil exemplares vendidos. O sucesso literário coincidiu com a crise criativa de Chico. Fonseca e Schwarcz convenceram-no de que havia chegado a hora de escrever um romance.

O editor deu duas sugestões, imediatamente rechaçadas pelo autor: escrever um livro na primeira pessoa e no feminino ou um que fosse uma continuação de uma de suas músicas – o que seria mais do mesmo. "Não teria sentido, pra mim, deixar de fazer música pra fazer algo parecido em literatura. É outra linguagem, mesmo, outra forma."[23]

Decidido a escrever, Chico isolou-se. Foram catorze meses de dedicação exclusiva, a partir do dia 14 de maio de 1990. No início, para não interromper o marido, Marieta Severo foi tomar aulas práticas de informática com Zé Rubem, aficionado por tecnologia, que ensinou a atriz a operar – e sugeriu que ela comprasse – um computador da marca Apple, muito mais eficiente e moderno do que a máquina de escrever usada por Chico.

O livro ficou pronto em Paris. Em determinado momento, Chico cogitou usar um pseudônimo, como nos tempos de Julinho da Adelaide. Além do contexto histórico ser outro – vivia-se numa democracia – outra questão pesou para que o autor logo abandonasse a ideia. E se o livro fizesse sucesso, de crítica e de público? "Morreria de raiva por ninguém saber que o livro era meu. Não ia conseguir segurar."[24]

Luiz Schwarcz e Rubem Fonseca foram os primeiros a ler *Estorvo*, narrado em primeira pessoa. O editor deu poucos pitacos, diferentemente do romancista e contista, tão generoso quanto criterioso na tarefa de avaliar livros escritos por amigos – foram muitos originais lidos até o falecimento, em 2020, aos 94 anos. Quando gostava do que estava lendo, fazia anotações a lápis, recomendando mudanças. Quando não gostava, simplesmente sugeria, sendo o autor um iniciante, que ele fosse fazer outra coisa, menos literatura.

Fonseca gostou de *Estorvo* e fez várias observações, sugerindo alterações, que podiam ser aceitas ou não pelo autor. Não faria muita diferença. Mas dois trechos o incomodaram muito – aí sim o autor deveria tomar obrigatoriamente uma providência. "Tinha uma palavra em inglês – e ele falou: 'Isso é um horror'. Era 'flash.' 'Tira esse flash', ele disse ."[25]

Chico acatou imediatamente a primeira determinação do mestre – a segunda, apenas parcialmente: "Em certa passagem de *Estorvo*, o personagem está numa festa e de repente uma moça, na frente dele, baixa o vestido e os seios ficam pra fora. O Zé Rubem me perguntou se havia baixado uma Dercy Gonçalves. Eu não concordei muito, achava justamente interessante aquele absurdo, assim meio nonsense. Para contentar o Zé Rubem, deixei mais suave, só um seio de fora."[26]

Silvia Buarque também leu *Estorvo* antes da publicação e numa das construções notou um erro que havia passado despercebido pelos três marmanjos, o autor, o mestre e o editor. Numa cena, uma mulher ajeita a alça do tailleur. Silvia mostrou o trecho a Chico, que releu várias vezes em voz alta e não notou nada de estranho. "Pai, tailleur não tem alça."

Diferentemente de *Fazenda modelo*, *Estorvo* recebeu muitas resenhas positivas. Alguns enxergaram influências do autor gaúcho João Gilberto Noll e do próprio Rubem Fonseca, sem deixar de destacar a evolução e maturidade do Chico escritor. O ensaísta Roberto Schwarz, um dos mais respeitados críticos literários do país, escreveu, em texto para a revista *Veja*: "*Estorvo* é um livro brilhante, escrito com engenho e mão leve. Em poucas linhas o leitor sabe que está diante de uma forma consistente."[27]

O professor Wilson Martins, outro crítico de renome, destoou da maioria dos colegas. Em entrevista às páginas amarelas da revista *Veja*, em novembro de 1992, mais de um ano após o lançamento de *Estorvo*, atacou abertamente Chico, insinuando que o livro não passava de plágio de *Zero*, romance de Ignácio de Loyola Brandão, publicado em 1975:

> Ele [Chico] se deixa influenciar pelas obras importantes que leu e escreve paráfrases dessas obras. Para a maioria do público que não conhece as obras originais, ele parece melhor do que é na realidade. É o caso de *Estorvo*, que parafraseia *Zero*, do Ignácio de Loyola Brandão, mas está longe de ter a mesma qualidade literária.[28]

Quatro anos depois, em entrevista ao *Estadão*, Martins reiterou as acusações a Chico:

> A relação entre *Estorvo* e *Zero* é tão escandalosa que me espanta como, na época do lançamento de *Estorvo*, nenhum resenhista tenha a ela se referido. É a mesma temática e, muitas vezes, apresenta os mesmos episódios. Chico Buarque é um grande músico, mas como escritor é apenas um autor de segundo cozimento.[29]

Martins tornou-se o principal algoz do Chico escritor, repetindo as insinuações de plágio em futuras entrevistas ou em resenhas de outros

LITERATURA

livros do autor. Chico não aguentou calado. Em 2000, declarou: "Eu disse e repito: um sujeito intelectualmente corrupto. Quando saiu o *Estorvo*, ele disse na revista *Veja* que o livro era plagiado do *Zero*, do Ignácio de Loyola Brandão. Isso é facilmente desmentível."[30] Desmentido, aliás, pelo próprio Loyola Brandão. Em depoimento ao autor, ele conta:

> Quando o livro do Chico saiu, essa história de plágio virou conversa de bar. Muita gente veio falar comigo. Eu não li o livro do Chico na época, estava me separando, numa fase difícil da minha vida, cheio de chateações. Mas estava na cara que era um ataque gratuito do Wilson, porque nas acusações ele não dava um exemplo prático para sustentar a tese de plágio. Era só ataque, ataque, ataque. Eu fiquei sem entender, porque o Wilson era um crítico e professor muito sério e respeitado. Um tempo depois, li *Estorvo*. Não vi qualquer semelhança, nenhuma conexão com *Zero*. Era uma grande bobagem mesmo, uma leviandade. Encontrei com o Chico numa jornada de literatura. Ele veio falar comigo, e o primeiro assunto foi esse. Chico é um cara brincalhão: "E aí, Loyola, copiei direitinho?" Ficamos amigos. Ele deu uma canja num dos discos da minha filha (a cantora e atriz Rita Gullo). A amizade fica, os livros também e os críticos são esquecidos.

Estorvo vendeu 30 mil exemplares em dois dias e chegou ao primeiro lugar na lista dos mais vendidos do *Jornal do Brasil*, deixando para trás dois romances, *O Alquimista* e *Brida*, de autoria do maior fenômeno literário do país, Paulo Coelho. O romance de Chico só deixou a liderança no fim de 1991, quando foi superado por *Juízo Final*, do americano Sidney Sheldon. *Estorvo* ultrapassou os 200 mil exemplares e ganhou o Jabuti, o maior prêmio literário do país, de melhor romance e livro do ano.

A dedicação integral ao escritor deixou o compositor meio enferrujado, demorando para recuperar o ritmo. "Quando eu terminei de escrever *Estorvo* passei por esse mau bocado por um tempo. Pensava que não conseguia mais fazer música. E o interessante nessa dificuldade era que a dificuldade não estava em fazer música, e sim em fazer letra. Eu lembro que falei meio brincando na época que eu estava fazendo várias músicas e que precisava de um letrista. E apareceram tantos candidatos a letrista que tive que avisar para as pessoas que era mentira."[31]

Apesar de repetir em várias entrevistas que escreve para si mesmo, não se importando com o fato de ser chamado ou não de escritor, Chico admite que enfrentou a chamada "síndrome do segundo livro", que assola autores que tiveram êxito no primeiro trabalho (para ele, *Estorvo* é mesmo a obra inaugural). "Existe uma necessidade de você se convencer de que você é um escritor com um segundo livro, na medida em que um único livro pode ser acidente."[32]

Ele também reconhece que a boa aceitação de *Estorvo* o encorajou a voltar a escrever um romance três anos depois, um intervalo relativamente curto em se tratando de Chico Buarque. "Não sou movido por nenhum fator externo. Tenho um compromisso comigo, mas é claro que se tivesse tido uma primeira experiência desastrosa, acabaria reconhecendo."[33]

Como escreve para si mesmo, há apenas uma pessoa a ser convencida, o que não chega a ser um facilitador, dado o nível de exigência de Chico. *Benjamim*, a segunda obra, demorou para pegar no tranco. "Tinha disposição e necessidade de escrever e me faltava assunto, não tinha uma história que me instigasse. Não sei onde acabou o exercício e começou realmente o livro, mas custei um pouco até chegar ao tom exato da narrativa, fui pegando isso enquanto escrevia."[34]

Chico começou a escrever *Benjamim* em meio à turnê do disco *Paratodos*, uma rara quebra de protocolo, imposta por ele mesmo, que não quis mais repetir porque resultou em trabalho dobrado. Quando finalmente se isolou, e pôde se dedicar integralmente ao texto – isso aconteceu na altura do quinto capítulo –, concluiu que tinha de reescrever os dois primeiros.

Ao chegar à metade do sexto capítulo, mostrou às pessoas de sempre (Luiz Schwarcz, Marieta Severo e Silvia Buarque). Rubem Fonseca preferiu pegar o livro praticamente pronto. Não fez tantas observações como na

LITERATURA

apreciação de *Estorvo*, mas implicou novamente com algumas construções e palavras. Disse, por exemplo, que o sobrenome de um dos personagens, Alyandro Escarlate, era horrível. "Para dizer a verdade, esse sobrenome é uma merda!"[35]

Chico mudou para Sgaratti sem hesitar. Nem passou pela cabeça abrir mão do seu revisor de luxo só por causa de um arroubo de sinceridade. A franqueza de Fonseca era um desafio que não ouviria de outros amigos. A jornalista e pesquisadora Bia Corrêa do Lago, filha de Rubem Fonseca, conta, em depoimento ao autor, um pouco sobre como foi construída a relação entre os dois escritores.

> Eu sei que os dois se aproximaram na campanha das Diretas. Papai se engajou pra valer. Estava com ódio dos militares, desde a censura de *Feliz ano novo* (livro de contos, lançado em 1975 e retirado das livrarias um ano depois, no auge do sucesso). A relação se estreitou quando o Zé, meu irmão, casou com a Silvinha. Eu fiquei muito amiga dela. Começamos a organizar, uma vez por mês, um almoço, sempre só com os quatro: eu e meu pai, Silvinha e Chico. O Chico não é muito de falar, meu pai sim, mas não é o cara que puxa conversa quando percebe que a outra pessoa é mais calada. Fica na dele. Então os almoços eram sempre assim: eu e Silvinha falando pelos cotovelos e os dois só ouvindo. E nunca se criou um constrangimento por isso. Em algum momento, papai e Chico se sentavam no sofá. Os dois, apesar de escritores, tinham o gosto completamente diferente. Papai adorava rock, ficava o dia inteiro vendo MTV. Eu me lembro dele falando com Chico alguma coisa sobre o Nirvana, e o Chico sem saber o que responder. Nunca falavam de literatura, muito menos sobre livros que estavam escrevendo. Não nos nossos almoços.

Bia não se recorda exatamente quando aconteceu, e de que jeito, mas em algum momento Chico tomou coragem para pedir a Fonseca que passasse a ler os seus textos – ou simplesmente o escritor, sempre generoso com novos autores, se ofereceu:

> Papai tinha essa coisa generosa, de ler os livros dos outros, por camaradagem mesmo. E levava a sério, como um trabalho. Se preparava, fazia mil anotações, relia mais de uma vez se fosse necessário. E não fazia média com ninguém. Era super-sincero nas apreciações. Lembro de um amigo nosso, uma pessoa conhecida, que resolveu escrever um romance e, todo empolgado, pediu para papai avaliar. Quando não gostava de um livro, mas achava que o autor levava jeito, ele dizia: "Você não deve publicar como está." Quando achava tudo um horror, simplesmente falava para o cara não escrever mais, tentar fazer outra coisa. Foi o caso desse amigo, que ficou desconcertado. Mas com Chico esse risco nunca se colocou. Porque papai já adorava as letras dele e sempre dizia que ele deveria testar outros formatos de escrita. Quando leu, gostou muito, mas não deixou de ser sincero e até duro quando achou que Chico tinha que tirar de qualquer jeito uma palavra ou reconstruir uma frase. Chico sempre achava um jeitinho de contornar essa situação – ele é craque nessas coisas. Eles se gostavam muito, tinham uma grande admiração e respeito um pelo outro.

Chico não queria fazer uma continuação de *Estorvo*. Ao começar a pensar nos personagens e no enredo de *Benjamim*, criando as primeiras histórias, evitou de imediato o uso da primeira pessoa. E dispensou a existência de um único narrador, distribuindo esse papel entre os personagens. Por fim, tentou descartar o tempo presente, o que não conseguiu. "Complicou as coisas, pois a narrativa lança mão de flashbacks e o passado fica no mais-que-perfeito. Desse jeito, *Benjamim* ficaria num tempo inviável, o mais-mais-que-perfeito."[36]

Benjamim conta a história de um homem obcecado por um enigma amoroso do passado e que, em meio a essa angústia, acaba perdendo a noção da realidade. Apesar do esforço em fazer um livro diferente, houve quem o comparasse com *Estorvo*, por também ser sombrio. Mas, para a maioria da crítica, *Benjamim* é menos hermético, mais bem construído e, portanto, mais palatável do que o anterior.

Para José Geraldo Couto, crítico da *Folha de S.Paulo*, Chico havia passado – com louvor – pela prova de fogo do segundo romance. "O livro é magnificamente bem escrito. O escritor chega à excelência em sua capacidade de captar os detalhes expressivos, de encontrar a imagem exata, e confirma seu domínio absoluto do ritmo. [...] Em momentos assim, o escritor Chico Buarque encontra o compositor Chico Buarque pela via do lirismo, e o resultado não é só alta literatura, mas também uma poesia dolorosa, uma quase-música que embala e comove."[37]

Não foi o que achou Wilson Martins, sempre ele, que dessa vez ganhou meia página do caderno de cultura de *O Globo* para sustentar a tese de que Chico e o humorista Jô Soares (lançando o romance de estreia, *O xangô de Baker Street*) seriam, para sempre, escritores amadores. No caso de Chico, pelo menos, segundo o crítico, era possível identificar um talento genuíno, atávico: a capacidade de plagiar grandes obras sem ser desmascarado – desde que, claro, os leitores também fossem amadores.

Para Martins, Chico continuava copiando modelos literários antigos *Benjamim* não passava de um cozimento de obras do *nouveau roman*, movimento literário francês dos anos 1950. Chico, outra vez, não quis alimentar a polêmica. Quem acabou respondendo por ele foi seu editor, Luiz Schwarcz, que recebeu o mesmo espaço em *O Globo* para a réplica:

"Wilson Martins tem seguidamente se apresentado como o único crítico literário profissional do país. No entanto, erra, por arrogância e elitismo, ao dividir os leitores em amadores e profissionais (...). Além de tudo isto, ao ser convidado a listar para a revista *Veja* a biblioteca de obras mais importantes sobre o Brasil, incluiu seu próprio livro. Enfim, estamos mal de crítico profissional."[38]

Chico falou sobre o assunto apenas quatro anos depois: "Eu nunca li *nouveau roman*. É claro que meu livro deve ter alguma coisa a ver com o cinema dos anos 60, da *nouvelle vague*. Os roteiristas da *nouvelle vague* eram autores do *nouveau roman*, e por isso acho que posso ter muita influência, sim, mas do cinema. O livro é totalmente cinematográfico."[39]

O terceiro livro só começou a ser escrito quase uma década depois – e o intervalo poderia ter sido ainda maior. Isolado em Paris, Chico sofreu mais que o habitual. *Budapeste* demorou a nascer. Quando conseguiu, enfim, encontrar um caminho e embalar, atinou que nada andava bem. Resultado: no terceiro capítulo, após meses de trabalho, apagou tudo e resolveu contar outra história.

"E muitas vezes você nem sabe o que é. Lendo, você diz: 'não é isso, não está bom, a história não está boa, o personagem seguiu um caminho errado'. Você percebe isso pela inconsistência das frases, começa a não acreditar no que está escrito, acha que está mecânico. Então é isso, jogar fora, jogar fora, jogar fora, o tempo todo."[40]

A partir daí foram dez longos dias sem escrever uma só linha. A situação se repetiu várias vezes ao longo da escrita. "Não foram dois anos escrevendo um livro de 170 páginas. Foram dois anos escrevendo vários livros que joguei fora (...). Tive momentos muito difíceis, em que tinha que jogar fora coisas que eu gostava. Ficava uns dois dias até conseguir tomar a decisão. Quando conseguia, me sentia muito bem, como se eu largasse um vício, uma coisa que me fazia mal. Depois, na hora de retomar, dá medo de entrar no caminho errado de novo, agonia."[41]

Nos primeiros esboços, Chico desejou contar a história de um arquiteto que projetava condomínios em ilhas artificiais. Abortados protagonista e trama, outro personagem se apoderou do romance e sobreviveu até o fim: um atormentado ghostwriter, dividido entre dois mundos e duas mulheres: de um lado, o Rio de Janeiro e o amor por Vanda; do outro, Budapeste e a paixão por Kriska, a amante.

Nos outros livros, Chico escreveu, em média, uma página por dia. Com as idas e vindas de *Budapeste*, a produção caiu para um parágrafo diário, obrigando o autor a aumentar as horas de trabalho e intensificar o isolamento. De volta ao Rio, para evitar que as aporrinhações habituais tornassem a escrita ainda mais morosa, comprou um apartamento no mesmo prédio onde morava, no Alto Leblon, e o transformou num escritório. Sem telefone.

O violão perdeu a afinação. "Não é que eu não tocava violão, eu não tocava no violão."[42] Abriu uma exceção para colocar letra na canção "Fora de hora" (o título não poderia ser mais sugestivo), criada por Dori Caymmi e que fez parte da trilha sonora do filme *Lara*, a cinebiografia da atriz Odete Lara, grande amiga de Chico, dirigida por Ana Maria Magalhães. Nesse caso, não conseguiu dizer não.

Apenas uma pessoa acompanhou o doloroso andamento da escrita de *Budapeste* e os seguidos dramas e angústias enfrentados pelo autor: a ex-mulher Marieta Severo. Nos romances anteriores, Chico negara, com certa razão, que os personagens representassem um pouco algumas das várias identidades do próprio autor. No caso de *Benjamim*, o protagonista é um ex-modelo fotográfico – nada mais distante dele mesmo. Porém, em *Budapeste* essa ligação é óbvia. Foi o que observou Marieta:

> *Budapeste* é um livro de amor à palavra e à literatura. O Zé Rubem [Fonseca] diz que não se deve procurar o autor na obra. Mas Kósta [o protagonista] é Chico, não o Chico-personagem, e sim o Chico-criador, ourives obcecado pela palavra exata.[43]

Após a apreciação de Marieta, Chico se sentiu seguro para dar a grande notícia ao editor Luiz Schwarcz, naquela altura à beira de um ataque de nervos. "Nasceu, sem cesariana, sem fórceps [o que, absolutamente, não era verdade], de parto natural. Pode mandar buscar."[44]

O livro superou o sucesso de *Estorvo*, chegando, ao longo dos anos, à marca de 300 mil exemplares vendidos, um feito e tanto no mercado editorial brasileiro. Também venceu novamente o prêmio Jabuti de melhor romance e ganhou diversas traduções mundo afora. Curiosamente, na tradução para o mercado húngaro houve quem torcesse o nariz para a Budapeste imaginária de Chico Buarque.

Foi o que contou a atriz húngara Gabriella Hámori, intérprete da personagem Kriska na adaptação do romance para o cinema dirigida por

TROCANDO EM MIÚDOS: SEIS VEZES CHICO

Walter Carvalho. Segundo Hámori, a antipatia de leitores de seu país se deu por conta da visão um tanto estereotipada da cidade e dos costumes locais traçada pelo autor brasileiro. "Quem leu o livro não gostou muito não, por causa do excesso de clichês."[45]

O fato de nunca ter colocado os pés na capital da Hungria, antes e durante a feitura do livro, não foi tratado como um problema para Chico, que achou que poderia dar conta do desafio sem precisar interromper os dois anos de clausura divididos entre Rio e Paris. Um dicionário português-húngaro e uma intensa pesquisa sobre os costumes e hábitos locais seriam o bastante.

"Ora, o mestre húngaro Sándor Márai conseguiu descrever Canudos sem nunca ter pisado no Brasil",[46] comparou Chico, numa roda de amigos. Considerado um dos maiores escritores da língua húngara, Márai leu a tradução para o inglês de *Os sertões*, de Euclides da Cunha, e, a partir daí, imaginou uma personagem fictícia, uma mulher europeia que vai para Canudos atrás do marido – a trama central de uma de suas mais elogiadas obras, *Veredicto em Canudos*, publicada em 1970.

Chico optou por não conceder entrevistas assim que *Budapeste* chegasse às livrarias. Quando do lançamento dos dois livros anteriores, ele falou aos principais jornais do país, que lhe concederam duas a três páginas nos respectivos cadernos culturais – não era todo dia que um grande nome da música popular brasileira lançava um romance. A decisão de não falar mais passava justamente por aí:

> Eu procuro evitar me valer do nome que tenho. Não quero tirar proveito de 40 anos de vida pública para promover um livro. Quero separar uma coisa da outra. Eu não vou ocupar o caderno cultural dos jornais com um livro que, se fosse de outro escritor, não teria esse mesmo espaço. Acaba tendo espaço, mas pelo menos eu não contribuí para isso.[47]

A preocupação ética de Chico não evitou que ele fosse acusado de favorecimento – por se tratar de um grande nome da cultura brasileira – ao

LITERATURA

ganhar, de novo, o Jabuti de melhor livro do ano, dessa vez com o quarto romance, *Leite derramado* (2009). O prêmio dado a Chico causou celeuma, a ponto de o dono de uma editora brasileira chamar o Jabuti de "concurso de beleza", uma ironia com a fama de galã do premiado.

A polêmica começou por conta dos critérios da disputa pelo Jabuti. Na época, permitia-se, por exemplo, que o segundo e o terceiro colocados em suas respectivas categorias vencessem os prêmios de livro do ano de ficção e de não ficção. E foi o que aconteceu na edição de 2010 – *Leite derramado*, segundo colocado na categoria Romance (o prêmio era concedido aos três primeiros), venceu o prêmio mais almejado da noite – Melhor Livro de Ficção do Ano –, deixando para trás *Se eu fechar os olhos agora*, obra de estreia do jornalista Edney Silvestre.

Não fazia mesmo muito sentido, mas se tratava de um regulamento conhecido por autores e editoras. Cinco dias após a cerimônia de entrega dos prêmios (os vencedores das 21 categorias já tinham sido divulgados, mas somente na festa seria revelado o ganhador da honraria máxima, o melhor livro de ficção do ano), Sérgio Machado, presidente da Record, editora de *Se eu fechar os olhos agora*, anunciou a decisão de não participar da edição do ano seguinte enquanto o mais importante prêmio literário do país não mudasse suas regras.

Em entrevista à *Folha de S.Paulo*, dias após tomar a decisão de boicotar o Jabuti, Sérgio Machado atacou abertamente os organizadores do prêmio e, principalmente, Chico:

> (...) Acho que o Chico Buarque devia ganhar o prêmio Nobel, porque ele já ganhou três prêmios Jabuti, "é o cara" (...) O que ele escreveu já ganhou o Jabuti. Não escapou um [*Benjamim*, inscrito em 1996, não levou o prêmio] (...). A concepção do prêmio favorece essa característica de celebridade. Se eu amanhã publicar um livro infantil da Xuxa, é capaz que eu ganhe o infantojuvenil. Esse prêmio, do jeito que está sendo disputado, poderia ser feito na plateia do Faustão. Ou do Silvio Santos. Porque não tem absolutamente nenhum critério. (...)

TROCANDO EM MIUDOS: SEIS VEZES CHICO

Acaba sendo um concurso de beleza, passa a ser um voto de simpatia.[48]

Também presente na entrevista à *Folha*, Luciana Villas-Boas, na época diretora editorial da Record, revelou a reação de Edney Silvestre no momento em que o seu autor soube que o prêmio seria dado a Chico e não a ele, como todos esperavam por conta do primeiro lugar na categoria romance:

> A raiva do Edney aumentou ao longo do dia e foi transmitida para mim. No dia seguinte, ele me disse: "Luciana, estou me sentindo como o Paulo, o filho do dono do armazém que foi prejudicado pelo filho do oligarca da cidade, que ganhou na porrada, na rasteira."[49]

Passados mais de dez anos do imbróglio, Edney Silvestre diz não sentir mais raiva de ninguém, muito menos de Chico. O jornalista, aliás, até tentou, anos depois, entrevistar o autor de *Leite derramado*, como conta em depoimento ao autor:

> Eu era um desconhecido para muita gente e, entretanto, naquele ano [2010], ganhei o prêmio de Melhor Romance. O que joga por terra a teoria do Sérgio Machado. Talvez ele tenha dito a frase no calor da hora. E da decepção. Mas o Luiz Schwarcz também publicou uma carta, na época, desmerecendo a vitória de *Se eu fechar os olhos agora*, em que me chamava de "apresentador de TV". Na época, disseram que eu fui vaiado por militantes do PT quando cheguei na Sala São Paulo para receber o meu prêmio. Não foi assim não, que eu me lembre. Havia gritos de "Dilma! Dilma!" quando o Luiz Schwarcz chegou com o Chico Buarque. Tempos depois, encontrei o Chico num restaurante, em Ipanema, na Praça General Osório. Abordei-o e pedi uma entrevista para o Globonews Literatura, que eu apresentava à época. Ele recusou com um peremptório "Não". Depois disso, nunca mais o vi.

LITERATURA

Atacado por Sérgio Machado, Chico respondeu com uma carta ao jornal *O Globo*, em que se dizia vítima da velha "maldição do primeiro lugar" – citando a estrondosa vaia que ele e Tom Jobim receberam no ginásio do Maracanãzinho, no Rio, ao serem anunciados como os autores de "Sabiá", canção defendida pela dupla Cynara e Cybele e que se tornaria a vencedora do Festival Internacional da Canção (FIC) de 1968. A preferida do público era "Pra não dizer que não falei de flores", de Geraldo Vandré.

No ano seguinte, a Câmara Brasileira do Livro (CBL), responsável pela organização do prêmio, mudou o regulamento do Jabuti, que fora definido em 1959. Em vez de destacar os três primeiros colocados em cada uma das 29 categorias, a honraria passou a ser concedida a apenas uma obra e somente esta estaria habilitada a concorrer ao prêmio máximo de livro do ano de ficção e de não ficção.

Chico não conseguiu se livrar do primeiro lugar – dias depois de ganhar o Jabuti de Livro do Ano venceu outro prêmio, o não menos prestigiado Prêmio Portugal Telecom de Literatura em Língua Portuguesa, atual Prêmio Oceanos. O brasileiro recebeu o troféu das mãos da viúva de José Saramago, morto meses antes. O escritor português havia lido *Leite derramado* e feito elogios entusiasmados à prosa de Chico, assim como outros grandes nomes da literatura mundial, como Jonathan Franzen e Nicole Krauss.

Sérgio Buarque de Holanda não possuía qualquer vocação para a vida pública – o que ficou evidente na primeira e única incursão na política, quando recebeu meia dúzia de votos na tentativa de se eleger vereador, em 1946. O próprio historiador admitiria, tempos depois, que o excesso de timidez na hora de angariar eleitores fora determinante para o vexame nas urnas. É preciso enfatizar, porém, que a falta de traquejo se resumia ao corpo a corpo eleitoral. Sérgio não era um homem tímido, retraído, e antes de se casar com Maria Amélia fez relativo sucesso com as mulheres – Chico teve a quem puxar.

No meio da década de 1930, Sérgio, ainda solteiro, de volta ao Rio de Janeiro (para onde os pais haviam se mudado em 1921) após uma temporada como correspondente em Berlim de *O Jornal*, de Assis Chateaubriand, en-

TROCANDO EM MIÚDOS: SEIS VEZES CHICO

graçou-se com uma jovem carioca – a secretária do amigo e escritor mineiro Carlos Drummond de Andrade, então trabalhando no Rio como chefe de gabinete do ministro da Educação e Saúde Pública, Gustavo Capanema.

Sérgio começou um romance com a secretária sem saber do interesse de Drummond por sua funcionária – flerte que em determinado momento virou uma relação amorosa, testemunhada pelo historiador, já desconfiado, numa improvisada ida ao escritório para flagrar a namorada e o amigo. A traição abalou a amizade e por um bom tempo os dois ficaram sem se falar.

Em 2004, em entrevista à *Folha*, Chico, conversando sobre a relação do pai com outros escritores, falou brevemente sobre o acontecido: "Uma vez ele [Drummond] brigou com o meu pai (...). Por causa de mulher (...). Quem era o pivô eu não sei. Ambos eram solteiros na época." Drummond não era solteiro e sim casado, desde 1925, com Dolores Dutra de Morais.

Durante os animados jantares no casarão da rua Buri, Ana de Hollanda ouviu mais de uma vez o pai narrar com detalhes a desavença entre ele e Drummond por causa de um rabo de saia. Ela conta, em depoimento ao autor:

> Em determinado momento, papai cismou que Drummond estava dando em cima da namorada dele. Quando passou a ter certeza, invadiu, enfurecido, o gabinete do Drummond e os dois começaram a trocar socos. Papai foi embora, possesso, e só percebeu que os óculos tinham caído no chão no meio da briga quando estava na rua. Orgulhoso, ficou um tempão sem eles, não queria voltar a falar com o Drummond. Tempo depois, o Manuel Bandeira, amigo de ambos, lhe fez uma visita: "Olha, vim devolver os óculos que você 'deixou' no gabinete do Drummond."

O mesmo Manuel Bandeira, muitos anos depois, em 1966, numa visita de Chico, Tom Jobim e Vinicius de Moraes à sua casa, no Rio, comentou sobre outra história de amor de Sérgio, que, embora não fosse exatamente um segredo – Maria Amélia e amigos próximos sabiam –, ele nunca ousara contar para os filhos nos jantares em família.

92

LITERATURA

Fui com o Tom e o Vinicius. Foi um encontro interessante. Ele [Manuel Bandeira] tocou um pouco de piano e começou a contar umas histórias do meu pai. "Ah! o Sérgio...", e no meio de algumas lembranças ele mencionou "aquele filho alemão". Eu perguntei: "Que filho?" Eu não sabia que meu pai tinha tido um filho na Alemanha. O Vinicius me perguntou: "Você não sabia?" Eu disse: "Não." Era um pouco segredo lá em casa. Meu pai tinha tido um filho alemão antes de casar. Eu fiquei muito chocado e quando pude ir a São Paulo perguntei ao meu pai sobre isso. No começo ele não quis falar, mas depois abriu o jogo.[50]

O tal "filho alemão" a que Bandeira se referia era Sérgio Ernst. Abandonado pela mãe, Anne Ernst, atriz de cabaré e affair de Sérgio durante a temporada como correspondente de *O Jornal*, ele acabou adotado pelo casal Arthur e Pauline Günther. Já adulto, tornou-se cantor, jornalista e apresentador de TV na antiga Alemanha Oriental. Fumante inveterado, Ernst teve o mesmo destino do pai brasileiro: morreu de câncer de pulmão em 1981, aos 53 anos.

Chico começou a escrever *O irmão alemão* em setembro de 2012 – cinco meses depois, travou. "Não consigo mais escrever sem saber o que, de fato, ocorreu com meu irmão",[51] confidenciou ao editor Luiz Schwarcz. A Companhia das Letras financiou a pesquisa e pagou historiadores especialistas em cultura alemã para ajudarem na busca. A partir daí uma nova vida familiar se abriu para o autor, com idas constantes a Berlim e reveladoras conversas com sobrinhos, tios e tias.

Lançado em novembro de 2014, *O irmão alemão* dividiu opiniões. Para o jornalista e escritor José Castello, em texto para *O Globo*, Chico havia conseguido manobrar com destreza os desafios impostos pelo projeto de uma obra que poderia ser classificada como autoficção, pois mistura invenção com dados biográficos de sua família:

TROCANDO EM MIÚDOS: SEIS VEZES CHICO

> Como uma dobradiça, o romance se desdobra em duas chapas de tamanho e forma semelhante – ora encaixado em fatos, nomes e documentos que prometem o real, ora erguido sobre as sombras não menos verdadeiras da imaginação (...). Fantasmas – visões – se espalham pelas páginas. O que confere à literatura o caráter vital, ainda que assombrado, de máquina propagadora da realidade.[52]

Já para o crítico literário Alcir Pécora, autor da resenha para a *Folha*, "os limites de Chico Buarque como ficcionista" ficaram explícitos no novo livro, chamado de insosso pelo professor de teoria literária da Unicamp: "Os personagens da história carecem de vida própria. A mãe do narrador tem as características estereotipadas de uma italiana que cozinha lasanhas e exclama 'Mamma mia!'. Sergio de Hollander resume-se a uma sombra que lê, fuma e tosse."[53]

O jornalista Sérgio Ernst, se vivo fosse, certamente soltaria um 'Mamma mia!' em alemão ao se deparar com o elogio do respeitável escritor americano Jonathan Franzen ao meio-irmão, estampado na contracapa de *O irmão alemão*: "Chico Buarque é não só um grande escritor, ele é o cara: hilário, inovador, profundo."

Chico escreveu *Essa gente*, seu sexto romance, em apenas onze meses – um recorde particular. Como sempre, partiu do esboço de uma ideia – contar a história de um escritor em penúria e enfermo, que observava a degradação moral de sua cidade, o Rio de Janeiro – para desenvolvê-la no decorrer das muitas idas e vindas do texto. O Brasil da ascensão da extrema direita, da cisão política, da violência urbana, próximo a ruir, facilitou as coisas: estruturado como um diário, a data do primeiro capítulo casa exatamente com o momento em que o autor iniciou a escrita, assim como o último coincide com a entrega do livro – ou seja, Chico escreveu um livro de ficção no calor dos acontecimentos reais.

Embora esse romance não seja uma autoficção, o leitor pode identificar nele semelhanças entre o autor e o protagonista para muito além das asso-

ciações óbvias – como o sobrenome (Buarque/Duarte) e o gosto pelas caminhadas matinais no Leblon. Na vida real, Chico sentiu de perto o bafo da
intolerância e da polarização ideológica, que, aliás, no seu bairro, o Leblon,
não se deu de forma tão gritante assim: quase 70% dos moradores votaram
em Jair Bolsonaro no segundo turno das eleições presidenciais de 2018.

Eleito presidente, Bolsonaro recusou-se a entregar, em maio de 2019
(meses antes do lançamento de *Essa gente*), a mais importante honraria
concedida a Chico – o Prêmio Camões –, para alívio do autor, que se sentiu duplamente contemplado. Amigo do escritor, o cineasta Cacá Diegues,
integrante da Academia Brasileira de Letras, aproveitou aquele momento
para iniciar uma campanha para o ingresso de Chico na ABL.

Chico deixou claro: se o cineasta era mesmo seu amigo, que o convi-
dasse para algo mais edificante, como jogar futebol, ir ao cinema ou a um
bom restaurante – e não para tomar chá na ABL com José Sarney e Merval
Pereira. Além de tudo, ele detestava cumprir ritos e cerimônias. "Cacá,
se eu já odeio usar gravata, imagina me enfiando naquele fardão. Me tira
dessa, por favor."[54]

E estava também em jogo uma tradição familiar. Quando Getúlio Vargas
foi eleito para a ABL, em 1941 – ele só tomaria posse dois anos depois –,
em plena ditadura do Estado Novo, Sérgio Buarque de Holanda assinou um
manifesto, junto com Carlos Drummond de Andrade, prometendo nunca
entrar para a Academia Brasileira de Letras.

Chico leva essa história tão a sério que, em 2021, quando outro desavi-
sado voltou a considerar a sua entrada para a ABL, ele fez questão de frisar
que a recusa era um compromisso hereditário, portanto, não só dele e do
pai: "Nem Chiquinho [seu neto mais velho] poderá entrar na Academia."[55]

Com *Anos de chumbo e outros contos* (2021), Chico contrariou duas
regras estabelecidas por ele mesmo desde a publicação de *Estorvo*: parar
de escrever contos e respeitar a alternância entre a produção de um livro e
a de um disco e show – foram apenas dois anos de intervalo desde o livro
anterior e nenhuma incursão musical no meio do caminho.

O autor, assim como em *Essa gente*, sentiu a necessidade de aproveitar a
urgência dos acontecimentos – agora, os anos de chumbo não eram os da

ditadura militar que ele ajudou a combater, mas os que se repetiam gestados pela escalada da estupidez, força bruta, intolerância e falta de ética, mazelas brasileiras que servem de pano de fundo para o livro.

Este capítulo já se referiu à dificuldade de Chico em começar a escrever e, agora, com o novo projeto, o obstáculo se multiplicou. Até então, havia publicado apenas um único conto num suplemento literário. E como o autor levou a sério a promessa de não dar entrevistas sobre seus livros, não se sabe a razão pela qual resolveu escrever logo oito contos, o que resultou, como ele mesmo deixa claro, num insano trabalho de recomeçar oito vezes.

Uma pista para entender essa mudança de ideia pode estar na história que inicia o livro de contos: *Para Clarice Lispector, com candura.* Um jovem suburbano, aspirante a poeta e obcecado pelos romances e contos da escritora, supera a timidez e consegue ajudá-la a recuperar a coordenação motora das mãos.

Para escrever esse conto, Chico certamente inspirou-se nos encontros que ele, igualmente jovem, tímido e fascinado pela obra da escritora, teve com Clarice Lispector nos anos 1960. Foram momentos intimidadores e enigmáticos, como lembrou anos depois:

> Comecei a ir à casa dela, e era estranho, porque a Clarice tinha uma maneira de encarar você e fazer perguntas diretas. Ela era desconcertante (...). Então, às vezes, acontecia de eu ir à casa dela, ela perguntar coisas, depois ela sumia, me deixava sozinho na sala. Eu não entendia muito aquela mulher.[56]

Depois desses encontros, Clarice sabatinou Chico, em 1968, para a coluna de entrevistas que mantinha na revista *Manchete* – e novamente foi assertiva nas perguntas e evasiva nos comentários. No meio de um papo sobre os desafios da criação artística, ele falou das frustradas tentativas de virar escritor, e que o caminho da música sempre lhe pareceu menos penoso: "Quando a música ou a letra vem, parece muito mais fácil de concretizar porque é uma coisa pequena. Tenho a impressão de que se me desse ideia de construir uma sinfonia ou um romance, a coisa ia se despedaçar antes de estar completa." E concluiu lançando uma pergunta: "Se você tem uma ideia para um romance, você sempre pode reduzi-lo a um conto?" Clarice respondeu como Clarice: "Não é bem assim, mas, se eu falar mais, a entrevistada fica sendo eu."

Não era exatamente desse jeito, mas fazia certo sentido: se uma história não engata e pode ser encurtada, deve sim virar um conto. Por que não? Testando novamente o formato, depois de muitos anos, Chico deve ter lembrado das historietas escritas por Clarice e das conversas com ela.

Das incertezas, angústias e necessidades inerentes ao ofício, brotou, enfim, o contista que se colocou à altura da tradição brasileira nesse gênero, segundo Alcir Pécora, o mesmo que havia chamado seu último romance de "insosso":

> *Anos de chumbo e outros contos* é a estreia vigorosa de Chico Buarque na narrativa curta (...). Em termos de matriz literária, diria que os recursos aplicados pelos contos estão à roda do realismo expressivo dos contistas brasileiros dos anos 1970 – o ambiente criminal de Rubem Fonseca; o cafajestismo de Dalton Trevisan; o nonsense do *fait divers* de Sérgio Sant'Anna, se moderando contudo o experimentalismo deles. O que talvez haja de mais irredutível do próprio Chico é o enquadramento juvenil da desgraça corrente.[57]

Incensado ou execrado, o Chico escritor nunca se deixou guiar pelo que disseram sobre ele e suas obras – o sucesso precoce como músico lhe conferiu régua, compasso e uma visão pragmática e realista das coisas: "O artista geralmente acha que é muito amado. Faz o show, é aplaudido, aí ele abre a internet e ele é odiado (...). Se eu morrer, vai ser pior. Vão escrever: 'já vai tarde.'"[58]

De certo, só a veneração de Chico por Sérgio Buarque de Holanda – o primeiro nome lembrado no emocionante discurso do músico e escritor, durante a entrega do Prêmio Camões, em Lisboa:

TROCANDO EM MIÚDOS: SEIS VEZES CHICO

Ao receber este prêmio penso no meu pai, o historiador e sociólogo Sérgio Buarque de Holanda, de quem herdei alguns livros e o amor pela língua portuguesa. Relembro quantas vezes interrompi seus estudos para lhe submeter meus escritos juvenis, que ele julgava sem complacência nem excessiva severidade, para em seguida me indicar leituras que poderiam me valer numa eventual carreira literária (...). Posso imaginar meu pai coruja ao me ver hoje aqui, se bem que, caso fosse possível nos encontrarmos neste salão, eu estaria na assistência e ele cá no meu posto, a receber o Prêmio Camões com muito mais propriedade.[59]

Se vivo fosse, orgulhoso das conquistas literárias do filho, Sérgio jamais se atreveria a receber o prêmio no lugar de Chico, mesmo em forma de homenagem. Procurado por um repórter da revista *Manchete*, em meados dos anos 1970, o historiador negou-se a dar entrevista sobre si e fez questão de deixar bem claro: "Você não deve perguntar nada a meu respeito. Agora não tenho a menor importância. Sou apenas o pai do Chico."

3. FAMA

Agora eu era o rei

O LP *Chega de saudade*, obra-prima de João Gilberto, marco inaugural da bossa nova lançado em 1958, significou para Chico mais do que um novo ritmo e uma nova forma de cantar e tocar violão. O minimalismo joãogilbertiano mostrou que era possível fazer música do jeito mais econômico possível, sem se expor tanto ao público. A salvação para o futuro artista e a eterna fobia de palco:

> O que também me atraiu na bossa nova foi a estética da timidez. Estar com o violão e mostrar aquela sua música – você é um compositor que canta. Se não fosse isso, eu não teria virado cantor. Eu pude me apresentar no palco porque havia uma permissão e até um estilo, numa época, para esse tipo de artista, o compositor que canta com o seu violão, protegido.[1]

A proteção, é verdade, não durou muito tempo: "O movimento tropicalista quebrou isso e me deixou um pouco atordoado."[2] Mas Chico seguiu em frente do jeito que deu, um caminho tortuoso até a consagração como um dos grandes nomes da história da música popular brasileira. Se, por um lado, o escudo bossanovista lhe deu um pouco de segurança, por outro, fez com que fosse visto, no início de sua carreira, como um arremedo de João Gilberto. Às vezes pior do que isso:

> Só fazia músicas querendo imitar João Gilberto. E mal (...). Eu me lembro que, numa das primeiras vezes que eu fui cantar em público, eu fui parar num auditório da Rádio América (...). Aí eu cheguei, entrei e os primeiros acordes que eu dei, a primeira vez que eu emiti a voz assim em público, um gaiato lá do fundo da plateia gritou: "Juca Chaves!" Eu fiquei aborrecido porque eu queria imitar o João Gilberto e não o Juca Chaves.[3]

TROCANDO EM MIÚDOS: SEIS VEZES CHICO

Das poucas vezes que conseguiu um pouco de atenção, não deu muita sorte. Durante um jantar no casarão dos Buarque, no Pacaembu, um tio, aproveitando a presença de Vinicius de Moraes, pediu que todos ouvissem o sobrinho – o menino era um tanto acanhado, mas parecia levar jeito como compositor.

> Meu tio até que forçou um pouquinho para o Vinicius ouvir, ele não tava com vontade de ouvir não, claro. Eu toquei uma música, duas, na segunda ele disse que minha música era boa e que ele gostava, então me deu estímulo e tal. Aí chegou o Baden [Powell]. Ele mostrou a letra de uma música para o Vinicius, começaram a cantar e esqueceram da minha.[4]

O compositor virtuoso não demoraria a nascer. Mas as primeiras canções de Chico eram simplórias e inocentes, e anos depois envergonhariam o autor exigente. Era o caso de "Marcha para um dia de sol", apresentada mais de uma vez na boate João Sebastião Bar, reduto da bossa nova em São Paulo. Fora os amigos, por camaradagem, não houve manifestação de entusiasmo por aquele imaturo protesto social:

> Eu quero ver um dia
> Numa só canção
> O pobre e rico
> Andando mão e mão
> Que nada falte
> Que nada sobre
> O pão do rico
> E o pão do pobre

A cantora Claudette Soares, já uma estrela da música brasileira e habitué do João Sebastião Bar, prometeu gravar a marcha e outras músicas do então estudante de arquitetura, mas não pôde cumprir a promessa – sua gravadora não admitiu que ela deixasse de interpretar sucessos da bossa nova para se arriscar em canções de cunho social compostas por um novato –, aumentando a angústia de Chico. "Saía o disco (de Claudette), eu procurava e não tinha a minha música. Eu morria de triste."[5]

Ele evoluiu tão rapidamente como compositor que não demoraria a reconhecer a ingenuidade de "Marcha para um dia de sol". Em 1967, em entrevista à revista *Realidade*, admitiu: "Não adianta conciliar rico e pobre, o negócio é não haver distinção."

Durante as temporadas no João Sebastião Bar surgiu a possibilidade de gravar um disco pela Elenco, o selo fundado pelo então mais prestigiado produtor musical da época, Aloysio de Oliveira. Seria a glória. Não tentou, nem ninguém o chamou. Décadas depois, se sentiu aliviado por não ter feito parte do cast da Elenco – ou de qualquer outra gravadora na época. "Vou te dizer, se tivesse gravado antes teria gravado muita coisa ruim."[6]

Numa fase em que pouca gente se dispunha a ouvi-lo, as três irmãs mais novas, Maria do Carmo, a Pií, Ana e Cristina, foram fundamentais para o desabrochar do cantor e compositor, cantando junto com ele, incentivando e lhe dando confiança. Ana de Hollanda conta, em depoimento para o autor:

> A gente adorava o Quarteto em Cy, que estava na moda. Chamamos uma amiga, a Helena Hungria, e formamos As Quatro Mais, que virou o Quarteto em Cy do nosso irmão. Os ensaios eram num cantinho da casa do Pacaembu. O Chico ia construindo os desenhos musicais no violão, mesmo sem saber nada de teoria musical. Ele só foi estudar harmonia mais tarde, com um professor indicado pelo Tom Jobim. A gente ficava meio espantada com tudo aquilo, com a capacidade do Chico de fazer essas construções musicais de ouvido – ele, até então, era o nosso irmão que estudava arquitetura. Fomos chamados para o show *Primeira Audição* [1964], no Colégio Rio Branco, a estreia no palco de todos nós. O show bombou. Criou-se um boca a boca. Todo mundo ficou sabendo. A TV Record começou a ficar interessada. Pediu pra gente repetir o espetáculo na emissora.

A partir do show *Primeira Audição*, um novo mundo se abriu para Chico. Só para ele, como recorda Ana de Hollanda:

> Nós ficamos excitadíssimas com a ideia de cantar na TV Record. Mas mamãe fechou o tempo. Ela já tinha implicado com a nossa ida pro Rio Branco. Brigou com o Chico: "Tá bom, vai ser só dessa vez, depois nunca mais leve as meninas para o palco." Com o sucesso do show, insistimos. Maria Amélia não quis conversa: "Ah, vocês acham que vão continuar fazendo gracinha? Nem pensar. Filha minha não fica por aí de showzinho." Mamãe foi uma das pessoas mais machistas que eu conheci. Os filhos homens podiam tudo. As filhas mulheres, quase nada. Nossa carreira acabou ali, antes de começar. Só retomamos bem mais tarde. Nos rebelamos dando um jeito de sair logo de casa. Miúcha se mandou pra fora [para estudar História da Arte, em Paris], Pií foi morar no Rio e eu e Cristina nos casamos cedo. Nem sei se eu queria casar, mas o cerco era tão grande que a única forma de conseguir a independência era saindo de casa. O Chico não precisou de nada disso. Ficou chateado de não ter mais a nossa companhia, mas não comprou essa briga com mamãe. Nem conseguiria.

A chance de gravar um disco aumentou quando Chico conseguiu inscrever uma canção – "Sonho de um carnaval" – na eliminatória do I Festival Nacional de Música Popular Brasileira da TV Excelsior, ocorrido de março a abril de 1965. Deu tudo errado. Escalado para interpretá-la, Geraldo Vandré não conseguiu ser ouvido pela plateia – com o arranjo feito para a canção, a orquestra cobriu a sua voz.

Quem conseguiu entender o que Vandré estava cantando no caso os jurados, próximos do palco – não gostou do que ouviu. A música não foi além das eliminatórias. Chico, na coxia, ainda se submeteu à humilhação de ouvir um dos jurados – ninguém menos do que João de Barro, o Braguinha – tecer um comentário nada lisonjeiro sobre a canção que encerrou a eliminatória, justamente "Sonho de um carnaval": "Esta última música é uma porcaria."

Por isso mesmo, Chico se sentiu inseguro ao receber, em 1965, o convite do diretor teatral Roberto Freire para musicar a peça *Morte e vida severina*, auto de Natal escrito pelo poeta pernambucano João Cabral de Melo Neto. Num primeiro momento, não se vendo à altura da empreitada, recusou o trabalho – mudou de ideia após insistência do diretor.

> O maior incentivo veio do Roberto Freire (...). Eu não tinha praticamente nada, nenhum disco gravado. E ele confiou em mim. Era um trabalho difícil, de responsabilidade.[7]

Morte e vida severina estreou no teatro Tuca, em São Paulo, e um ano depois, em 1966, rendeu a primeira honraria da carreira de Chico: o prêmio no IV Festival Internacional de Teatro Universitário de Nancy, na França.

Freire deu o empurrão inicial em Chico, com as duas mãos, mas quem o agarrou e não o soltou mais foi Nara Leão. E olha que era mesmo difícil apreciar um artista que se escondia atrás do violão e mal conseguia cantar de tão travado. Meses antes de mostrar suas canções para Nara, em busca de aprovação, Chico esteve na casa de outra cantora, Elis Regina, indicado pelo produtor João Leão, próximo de ambos.

A impaciência em pessoa, irritada com a mudez do visitante, que nos primeiros quinze minutos não conseguiu dizer uma só palavra, muito menos cantar, Elis o dispensou e ligou para o responsável pelo encontro: "Oi, João, eu conheci seu amigo, mas acho que ele não está a fim de ser gravado."[8]

Nara quase fez o mesmo. Na primeira vez que se viram, no apartamento dos pais da cantora, em Copacabana, em 1965, ela até tentou puxar assunto, enquanto o estudante de arquitetura gaguejava segurando o violão. Chico não disse absolutamente nada – mas diferentemente do que havia ocorrido na visita a Elis, conseguiu mostrar algumas canções.

Mesmo assim, recordou Nara, criou-se um constrangimento, um mal-entendido, que quase colocou tudo a perder. "Naquela época ele simplesmente não abria a boca. Eu ouvi, gostei, mas senti um mal-estar incrível. Dias depois procurei um amigo de Chico e comentei o que tinha acontecido. Disse que, certamente, o Chico não tinha ido com a minha cara, que apenas fora até a minha casa por ser um moço bem-educado."[9]

O amigo contornou a situação, explicando a Nara que não se tratava de nada pessoal, que Chico havia se comportado da mesma maneira no apartamento de Elis e em outras ocasiões. Nara, encantada com o que ouvira e depois de ponderar incluiu três canções balbuciadas por Chico no dia do encontro – "Pedro pedreiro", "Olê, olá" e "Madalena foi pro mar" – no disco *Nara pede passagem* (1966). A glória para o novato:

> A Nara era consagradíssima e o que as pessoas chamam de formadora de opinião. Eu era novo, tinha 21 anos, era muito importante ser gravado por ela. Gravando, ela botava o selo de qualidade (...). Foi quando comecei a largar a arquitetura. Comecei a ser aceito principalmente como compositor.[10]

Depois de Nara lhe dar passagem, Chico não hesitou mais. Desistiu da ideia de ser arquiteto, frustrando a vontade de grande parte da família – principalmente da avó materna, que sonhava em vê-lo desenhando prédios e monumentos como Oscar Niemeyer. O neto estava determinado a viver de música, mesmo que isso resultasse num estado de dureza permanente. Os cachês não passavam de míseros 50 mil cruzeiros por apresentação, cerca de 30 dólares.

As coisas começaram a melhorar e Chico, agradecido, cedeu a Nara o direito de ser a primeira a interpretar para um grande público uma singela e despretensiosa marchinha, que ele já vinha cantando nos shows na boate Arpège, no Rio, junto com Odete Lara. O primeiro grande artista a se encantar com a "A banda", ninguém menos do que Mário Reis, uma das mais belas vozes da música brasileira, pediu para gravá-la, mas Chico explicou que, por uma questão de justiça, já tinha autorizado Nara a cantá-la no II Festival da Música Popular Brasileira da TV Record, de 1966.

Durante os ensaios de "A banda", Manoel Carlos e Solano Ribeiro, produtores do festival, detectaram um grande problema: quase não se ouvia a voz de Nara, abafada pelo som do conjunto que a acompanhava. Não era o caso de pedir aos músicos que tocassem mais baixo – aquele não era um sarau no apartamento dos pais da cantora, em Copacabana, e sim uma apresentação no Teatro Consolação, um dos maiores de São Paulo. E nem cabia solicitar a Nara que encarnasse Maria Callas, justamente ela, o minimalismo em pessoa. Os diretores, então, chamaram Chico para subir ao palco.

Criou-se outro problema, ainda maior. Chico, tomado pela timidez, não conseguia impor a voz – ou pelo menos se harmonizar com o som vindo da banda. Ficou acertado que ele cantaria boa parte da música acompanhado apenas do violão e que Nara só entraria no fim. Ninguém reclamou, muito menos ela, que ficou aliviada de passar a encrenca para Chico.

Não havia dúvida sobre o potencial popular de uma canção como "A banda" e sim sobre a capacidade de Chico e Nara, dois bichos do mato, de empolgar uma grande plateia. Surpreendentemente, ele deu conta do recado, sem ser brilhante, mas sem gaguejar, e Nara entrou no fim, tensa, dura como uma rocha, mexendo a cabeça de um lado ao outro, sem sair do lugar. A plateia, enlouquecida, pouco se importou com a falta de molejo da dupla.

"A banda" chegou às finais e dividiu a preferência do público com "Disparada", de Geraldo Vandré e Theo de Barros, interpretada por Jair Rodrigues. Como desejava Paulinho Machado, diretor artístico da TV Record, o circo pegou fogo. Pela primeira vez um festival de música era transmitido diretamente de São Paulo para o Rio. Nos bastidores, Paulinho foi informado de que o júri já tinha feito a escolha: "A banda" seria vencedora, com sete votos – contra cinco de "Disparada".

Chico soube da decisão e avisou aos diretores que devolveria o prêmio em público, no palco, se fosse escolhido vencedor – o justo, no mínimo, seria dividir o prêmio com Geraldo Vandré e Theo de Barros, autores de "Disparada". Paulinho Machado aceitou a sugestão de Chico e as duas canções foram anunciadas vencedoras do festival.

O reconhecimento como artista veio junto com algo que Chico não ambicionou: a superexposição. Com o sucesso de "A banda", deixou de ser uma promessa em busca de aprovação para se transformar em um novo "namoradinho do Brasil", ocupando por alguns meses o trono de Roberto Carlos – do qual fez questão de se livrar assim que possível.

TROCANDO EM MIÚDOS: SEIS VEZES CHICO

Não foi fácil. Jovem, bonito e talentoso, Chico foi sugado pela indústria fonográfica, que se organizou para faturar alto com ele. A RGE, sua gravadora, colocou oito máquinas para funcionar exclusivamente na prensagem do compacto que trazia "A banda". Em três dias, foram vendidas 50 mil unidades, ultrapassando o recorde de Frank Sinatra no Brasil com a gravação de "Strangers in the night", que tinha chegado a um número próximo, mas somente depois de três meses.

Inventaram até um programa para Chico apresentar na TV Record. A ideia, que já era ruim, se tornou ainda pior quando seu autor, o diretor e futuro novelista Manoel Carlos, sugeriu que Nara Leão dividisse com Chico a missão de comandar a atração. Juntou-se um tímido profissional com a Caramujo – apelido de Nara na adolescência. E deu no que deu.

Diante das câmeras e microfones, a dupla se mostrou incapaz de empolgar os convidados e a plateia presente no estúdio. Em casa, os telespectadores eram tomados pelo sono assim que os dois entravam no ar. O programa durou poucos meses, para alívio dos apresentadores e também de Manoel Carlos, que assumiu o erro e os apelidou de "os maiores desanimadores de auditório do Brasil". Chico e Nara concordaram.

Chico livrou-se de cumprir quase todas as liturgias impostas pelo sucesso. Não era a dele, como bem lembrou o pai, Sérgio Buarque, em depoimento à revista *Pais e filhos*, em setembro de 1968: "A família ficou um pouco tonta com o sucesso tão fulminante, tão rápido. Mas já nos acostumamos. Chico é que não se habituou a ele. Ficou muito contente de ter ido a Paris, porque ninguém o conhecia por lá. Talvez o sucesso tenha provocado uma espécie de defesa, tornando-o um pouco retraído."

Ele continuou com os shows, sabedor das dificuldades de se viver exclusivamente da criação, algo impensável no Brasil, até para quem alcança relativo sucesso. "Não gosto mesmo de me apresentar em público. Se fosse possível, ficava mesmo só com os discos (...). Odeio show, prefiro o trabalho de criação (...). Sou muito mais autor do que artista e meu ideal seria viver de direito autoral."[11]

Durante os espetáculos, as pernas tremiam, a boca ficava seca e invariavelmente enfrentava surtos de tosse. Numa apresentação em Belo Horizonte, tomado de pânico, urinou nas calças. Foi quando trocou as três doses de uísque, ingeridas antes dos shows, por um comprimido do ansiolítico Lexotan.

Com os anos de carreira, aprendeu a controlar o pânico de palco, mas não a ponto de se sentir confortável com a situação. Em 1976, anunciou que iria parar com os shows. E pelas declarações dadas à época, parecia que não voltaria mais. "Olha, na verdade esse entrosamento com o público não me acrescenta nada. Em primeiro lugar, por aquilo que já falei, eu fazia o show querendo terminar. Depois porque não compensa, aquilo me consome muito, consome os nervos, consome a cabeça."[12]

Foram treze anos sem se apresentar. Do palco, não sente falta, mas do convívio com os músicos e as pessoas da produção, sim – e muita. Chico diz que a timidez se agrava no palco – fora dele, não há ninguém mais gregário:

> Sinto saudades do clima de show, do clima de camaradagem com os músicos, estarmos juntos. Depois do show, é ótimo sempre, jogar futebol, jantar, tomar um vinho. Ter essa família, como dizia o Vinicius. Gosto desse clima de encontrar as pessoas no avião, no ensaio, no restaurante, no camarim. Adoro ter essa trupe viajante, gosto muito do clima entre os músicos.[13]

A decisão de cessar os shows – ao voltar, em 1989, a tendência foi se apresentar com intervalos cada vez maiores – também estava ligada ao processo criativo. Perfeccionista em tudo que produz, precisa de tempo e concentração para compor, um ato penoso para ele, ao contrário do que os fãs imaginam. "[As pessoas dizem:] 'Chico é um gênio. Faz músicas no táxi, no banheiro, atravessando a Vieira Souto para ir à praia.' Eu trabalho muito lentamente. Jamais faço mais de uma música por mês."[14]

O Chico escritor também trabalha lentamente. Os livros brotam, em média, de cinco em cinco anos. Quem paga a conta é o cantor – sem as esporádicas turnês, ele dificilmente poderia se dar ao luxo de uma dedicação à escrita em tempo integral por dois anos seguidos, completamente isolado e despreocupado com outras coisas.

Em 2006, Paulo Amorim, dono da casa de shows Tom Brasil, o convenceu a permanecer dois meses em cartaz na capital paulista. Foram 25 apresentações e 100 mil ingressos vendidos. Exausto, mas com o bolso cheio, pôde se dedicar à nova empreitada literária – *Leite derramado* saiu três anos depois.

Há algo, porém, que não se resolve com dinheiro e que o assusta com frequência, ameaçando pôr tudo a perder: os períodos de maior angústia, que geralmente resultam numa crise criativa. A terapia, o caminho mais natural, não lhe parece uma solução:

> Nas três vezes em que entrei para a psicanálise foi um pouco por isso, assombrado por um período de infertilidade criativa. Não conseguia fazer nada, e aquilo foi me angustiando, e aí entrava na análise (...). Não me dei bem com a psicanálise. Fiz três vezes e larguei as três. Uma acho que era junguiana, outra freudiana, nem lembro mais. Não gostei, não me dei bem.[15]

Chico se deu bem – e muito – com um outro tipo de profissional, sem vínculos com a psicanálise, mas que curou seus demônios, ajudou-o a parar de beber e de quebra resolveu seus problemas ortopédicos: o médico espiritual Lourival de Freitas. O tal feiticeiro dizia receber o espírito de Nero e de outras figuras de destaque da humanidade. Sedutor, com alto poder de persuasão, orgulhava-se de ser o médico de dois célebres agnósticos: Tom Jobim e Vinicius de Moraes.

Tom apresentou Lourival a Chico, maravilhado com o grau de eficiência médica do bruxo, que conseguira a proeza de fazê-lo parar de beber – pelo menos por um tempo, o suficiente para lhe tirar o inchaço do rosto e das pernas. Na época, meados dos anos 1980, Chico também estava precisando de um detox espiritual. "Não era mito não, eu bebia muito. Bebia todo dia e bebia coisas fortes."[16]

Assim como Tom, queria parar de beber só por um tempo, mas o feitiço teve efeito vitalício – desde então, bebe pouco, uma taça de vinho nos jantares com amigos. Até o ritual de tomar álcool antes de subir ao palco não é mais seguido. Prefere água de coco.

> Eu parei de beber não por força de vontade, mas por culpa do Tom. Houve uma época em que ele parou de beber, e ele conhecia um feiticeiro. Eu bebia bem, e pedi ao feiticeiro umas ervas para ficar um mês sem beber, eu queria dar uma enxugada. O feiticeiro disse: "Você não vai beber nunca mais." E eu disse: "Nunca mais, não, eu quero beber, mas só quero dar um tempo." Eu só queria dar um tempo, parar um mês, geralmente fevereiro que é o mês mais curto.[17]

Chico impressionou-se tanto com os poderes medicinais de Lourival, a quem passou a recorrer toda vez que saía arrebentado de um jogo do Politheama. Seus meniscos, ele jura, não seriam os mesmos – nem a longevidade como meia-atacante –, se não fossem as certeiras intervenções cirúrgicas do feiticeiro:

> Já tive também um bruxo de confiança, que fez coisas incríveis. Aquela música do Caetano ["Milagres do povo"] dizia isso muito bem, "quem é ateu, e viu milagres como eu, sabe que os deuses sem Deus não cessam de brotar". Eu vi cirurgias com gilete suja, sem a menor assepsia, e a pessoa saía curada. Estava com o joelho ferrado e saía andando.[18]

Depois de apresentar o bruxo a Miúcha – a irmã havia rompido os ligamentos do joelho ao levar um tombo durante um show no Teatro Ipanema –, Chico sugeriu a Nara Leão, na época tratando um tumor no cérebro, que marcasse uma consulta com Lourival. Nara deixou o encontro com a certeza de que não veria o feiticeiro nunca mais.

Chico que a perdoasse, mas não havia dúvidas de que se tratava de um charlatão. Ele podia ser um bom curandeiro para as ressacas de Tom e Vinicius – e para o joelho de Chico –, mas não para o seu caso. E, além do mais, a cantora soubera que Lourival utilizava uma lâmina de barbear em certas "cirurgias" espirituais. Tempos depois, porém, Nara se tratou com outro médico paranormal, o desembargador Odilon Ferreira.

As crenças de Chico renderam outra história curiosa. Em 1971, o jornalista Tarso de Castro, na época um dos maiores amigos do compositor, vivia uma crise financeira sem fim após deixar *O Pasquim*, o jornal que ajudou a fundar. Uma namorada de Tarso resolveu efetuar um despacho para o amado sair logo do atoleiro e levou para o local um par de meias, o mesmo que o jornalista havia pedido emprestado para Chico durante uma festa na casa do artista.

Conclusão: Tarso continuou duro por um longo tempo e Chico ganhou a primeira boa grana ao alcançar um tremendo sucesso com o disco *Construção*.

Chico não aceita a ideia de que é preciso se conformar com as consequências da fama e, portanto, aguentar as aporrinhações. Nos primeiros tempos, administrou bem a relação com os fãs e a imprensa, levando uma vida normal no Rio de Janeiro – foi assim até meados dos anos 1980, antes da proliferação dos paparazzi. O assédio piorou consideravelmente com o surgimento da internet. Ela deu voz aos imbecis e empoderou ainda mais os chatos e curiosos de sempre.

No começo da carreira bastava Chico frequentar os restaurantes e bares certos para evitá-los. No Antonio's, no Leblon, o preferido da boemia intelectual, os próprios clientes, solidários uns com os outros, cuidavam da blindagem. "Falavam-se barbaridades, brincava-se muito, bebia-se à beça. Se alguém estivesse por perto anotando, acabava, o Antonio's fechava. Nós andávamos por aí. Ninguém fotografava. Hoje parece que vivemos numa espécie de Big Brother permanente",[19] queixou-se Chico, em 2004.

Na churrascaria Plataforma, também no Leblon, a favorita de Tom Jobim a partir do momento em que o Antonio's começou a deixar de ser um lugar menos reservado, Chico se sentiu ainda mais à vontade. A mesa de Tom ficava, propositalmente, num ponto estratégico: ele podia ver, sem ser notado, quem entrava no restaurante. Se fosse um amigo, como Chico, fazia um sinal a Alberico, dono do restaurante, para pegar mais uma cadeira. Se fosse algum chato qualquer, era levado para o outro lado.

Andarilho contumaz, Chico manteve por algum tempo a rotina de caminhar pela orla do Rio sem ser incomodado – hábito importante no processo de criação do compositor e escritor (é nesse momento, no modo marcha atlética, que ele costuma ter as melhores ideias). Quando alguém aparecia para assediá-lo, já tinha uma resposta na ponta da língua: "Não posso dizer que estou trabalhando, porque ninguém vai acreditar. Então digo que estou me exercitando, que meu personal trainer está vindo atrás e não me deixa parar."[20]

A internet acabou com o sossego. Qualquer coisa virou assunto. O atravessar de uma rua por Caetano Veloso – e claro, o *footing* de Chico Buarque. Ele não deixou de lado as caminhadas, imprescindíveis, até que os níveis de intolerância no país praticamente o impediram de sair de casa, obrigando-o a circular menos. A partir da metade dos anos 2000, Chico não compareceu mais a peças, filmes e shows de amigos.

> Eu em geral não vou mais a estreias, porque muitas vezes a plateia trabalha mais que o artista. Tem que estar bem-vestido, a sua roupa vai ser comentada, essas bobagens todas. Minha empregada outro dia ficou com vergonha porque apareci com a mesma camisa em dois acontecimentos sociais.[21]

Como se não bastasse administrar as chateações impostas pelo sucesso, Chico ainda sofre de algo não tão comum para todo artista: o peso de ser o muso da sua geração. A despeito da inegável beleza dos olhos cor de ardósia (ou seriam verdes ultramarinos?), ele rejeita a imagem de símbolo sexual: "Não me considero um homem especialmente bonito",[22] disse a uma revista feminina, e acrescentou para um jornal:

> Não acho que tenha essa imagem não. Não sou símbolo se-xual, digo sinceramente. Se eu fosse, estava contente. Sou até

uma pessoa desajeitada, um pouco inábil com as mãos, que funcionam de um jeito esquisito. Não estou querendo fazer contrapropaganda das minhas qualidades, mas não acredito nelas não.[23]

Chico refuta até mesmo a máxima de ser um compositor sensível, que interpreta como ninguém os anseios e dramas da alma feminina – isso como efeito das muitas e belas canções em que o narrador, o eu lírico, é uma mulher. "Eu não tenho nada a ver com essa reputação. Escrevi músicas para mulheres cantarem, porque temos mais compositores homens que mulheres."[24]

O compositor admitiu que, no início da carreira, ainda solteiro, escrevia canções também com o objetivo de ser visto de uma maneira mais sedutora pelas moças por quem se interessava. "Quando a gente começa, faz música um pouco para arranjar mulher".[25] Muitas dessas mulheres ele admirava a distância, apenas de forma platônica. Era o caso da socialite Eleonora Mendes Caldeira, para quem compôs, em 1966, "Morena dos olhos d'água", na esperança de diminuir o abismo que existia entre os dois:

> Eu lembro que ia à missa dos dominicanos. Eu e minha turma para ver a Eleonora. Ela era simplesmente maravilhosa, mas eu não ousava chegar muito perto. Tinha medo de tirar pra dançar porque podia levar uma tábua, como se dizia na época. Mas, depois que eu virei famoso, deu pra chegar a ela sem medo de levar tábua.[26]

As irmãs dizem tê-lo visto dedicando a mesma canção feita para Eleonora para outras morenas – de olhos d'água ou não. Uma artimanha mais do que justificável no seu caso, em que a facilidade de compor lindas e sofisticadas canções de amor é infinitamente maior do que o traquejo com as mulheres. É o que ele vive alardeando por aí. "Não sou o sedutor que comentam."[27]

Há controvérsias. Essa história de ficar dedicando uma mesma canção para mulheres diferentes não durou muito tempo – Chico se casou com a atriz Marieta Severo, em 1966, aos 22 anos. Os dois foram apresentados por um amigo comum, o ator Hugo Carvana, que na época encenava uma peça com Marieta e produzia seu primeiro show, *Meu refrão*, na boate Arpège, no Leme.

As canções de amor, porém, continuaram brotando. Chico precisa estar apaixonado para alimentar o compositor – do jeito que for possível.

> Falam que o artista só faz música para pegar mulher. Mas aí geralmente acontece o contrário, o artista inventa uma mulher para pegar a música.[28]

> Quando eu falo que você inventa amores, você também sofre por eles. E a moça da farmácia? Ela foi embora! *Elle est partie en vacances monsieur!* E você não vai vê-la nunca mais. Dá uma solidão. Eu estou fazendo uma caricatura, mas essas coisas acontecem. Você se encanta com uma pessoa que você viu na televisão, daí você cria uma história e você sofre. E fica feliz e escreve músicas.[29]

A verdade é que desde garoto ele se recusa a seguir um ensinamento repassado pela mãe. Toda vez que se deparava com alguma vadiagem do filho, Maria Amélia repetia: "Juízo e alegria!" Chico a confrontava, sabedor da dificuldade de associar uma coisa à outra. "Mamãe, ou juízo ou alegria."[30]

O Rio de Janeiro dos anos 1960 e 1970, um paraíso para qualquer hedonista, era uma cidade cheia de tentações até mesmo para o mais ajuizado dos homens. E Chico, que não era uma coisa nem outra, tampouco capaz, como desejava a mãe, de equilibrar razão e emoção, caiu nas farras muitas vezes.

E o desequilíbrio se agravou depois que o compositor se tornou amigo de copo do mais beberrão, notívago e mulherengo morador da zona sul carioca: Tarso de Castro. Marieta, por razões óbvias, detestou as novas amizades do marido, embora as antigas não fossem também lá muito confiáveis.

Numa dessas noites, depois de uma briga feia com Marieta, acabou no apartamento de Tarso, que não perdeu tempo: chamou duas amigas para irem lá passar o resto da madrugada. Marieta, porém, se arrependeu e foi atrás do marido. Chegou ao apartamento e deu de cara com o quarteto. Ele tentou, ridiculamente, convencê-la de que ambas eram namoradas de Tarso – insaciável, este não se contentaria apenas com uma. Não colou.

Após reduzir a bebida, Chico não foi mais visto com frequência na companhia de sujeitos como Tarso e, consequentemente, deixou de se meter em tantas confusões. Mas isso não impediu que as encrencas chegassem até o compositor. Nesse caso, só havia um culpado. Na verdade, dois. Os olhos verdes ultramarinos. Ou seriam cor de ardósia?

Chico viveu intermináveis dois anos perseguido por uma mulher, a socialite Heloisa Faissol, irmã de Cláudia, que na época namorava com João Gilberto (ela teve uma filha com o criador da bossa nova, Luisa Carolina Gilberto). O pai de Heloisa e Cláudia era o dentista Olympio Faissol, responsável por cuidar dos clientes Tom Jobim e o próprio João – este, porém, cometeu o erro de revelar o telefone de Chico à então cunhada.

O assédio começou de maneira sutil e fofa – um fax de quatorze metros repetindo a frase "eu te amo". Depois passou para oito telefonemas diários até apelar para a marcação mulher-homem. "Eu tinha acabado de me separar, estava muito carente. Eu ia lá no campo do time dele, o Politheama, de serpentina e apito. Quando o Chico pegava na bola, eu fazia um escândalo. Ele ficava vermelho, tadinho."[31]

Um dia, Chico saiu do campo e viu Heloisa pulando histericamente em cima do capô de seu Honda. Os amigos do futebol o provocaram, pedindo que tomasse "alguma providência". Segundo depoimento da socialite para a revista *Alfa* em 2012, o músico, resignado, tascou-lhe um longo beijo na boca e exigiu que ela o esquecesse.

Heloisa não esqueceu – e, para isso, só mesmo uma terapia. Seria mais um caso pra Freud explicar. Durante as sessões, o psicanalista disse que Chico representava para ela a figura do homem ideal, um "pai, um homem livre de imperfeições, bonito, educado, inteligente, de grande caráter, bom de música, de bola e politizado".[32]

O casamento de Chico e Marieta, não formalizado em cartório, terminou em 1997. Os dois, que tiveram três filhas, Silvia, Helena e Luísa, continuaram grandes amigos. Durante um período, ele almoçou todos os domingos na casa da Gávea, que ficou com Marieta – ela ajudou o ex-marido a mobiliar o apartamento de solteiro no Jardim Botânico. Em 1999, o músico se mudou para um prédio no Leblon, onde mora atualmente.

A solteirice não mudou a rotina de vida de Chico que, apesar do histórico de farras com Tarso de Castro, não vê serventia na possibilidade, aberta pela fama, de se relacionar com muitas mulheres. "Tem outro [Erasmo Carlos] que falou que teve mil mulheres. Eu digo: 'Bom, mas, então, não foi bom nunca, para comer mil…' Não acho vantagem."[33]

Em 2005, uma enquete promovida por um site de notícias elegeu Chico um dos homens mais sexy do Brasil. Para ele, tão patético quanto aquele tipo de pesquisa eram os resultados. "Isso é ridículo, e essa lista é ridícula. Tenho 60 anos, percebe?"[34] Para muita gente não era tão perceptível assim. Talvez não fosse nem mesmo para o compositor, que continuava esbanjando saúde e disposição na linha de ataque do Politheama, seu time de futebol, e nos mares do Rio.

No começo de março de 2005, Chico foi fotografado beijando uma jovem e bela mulher na praia do Leblon. O que seria apenas mais um episódio da falta de privacidade enfrentada pelos artistas, perseguidos diariamente por paparazzi na zona sul da cidade, virou o assunto do mês. Um escândalo: a moça, a produtora cultural Celina Sjostedt, 25 anos mais nova que Chico, era casada, mãe de dois adolescentes.

Logo se soube mais: o marido traído, o pianista Ricardo Sjostedt, o Duna, conhecia Chico havia muitos anos. Querido pelos músicos da cidade, próximo da família de Tom Jobim, era dono de um estúdio frequentemente procurado para ensaios de pré-produção. Chico recorrera a ele algumas vezes, a primeira em 1984, nas gravações do disco lançado no mesmo ano.

Chico e Celina silenciaram. Duna, não. Em entrevista à coluna de Mônica Bergamo, da *Folha de S.Paulo*, publicada dias depois do flagra, o pianista deu a entender que aquele não havia sido o primeiro flerte de Chico e Celina. "O que acontece é que esse cidadão tem uma fixação pela minha mulher, talvez por ela ser muito bonita, e fica investindo (...). Só quero que ele deixe nossa vida em paz, bote na balança que temos família e vá procurar alguém da idade dele. Talvez em uma clínica geriátrica."[35]

O caso repercutiu bastante. Virou assunto de bar, de fóruns sobre o direito à privacidade, abriu mais um debate sobre o assédio constante dos paparazzi e fez a alegria das revistas de fofoca, que inventaram seguidas reviravoltas em torno do acontecimento na praia do Leblon. Foi do cantor e humorista cearense Falcão o comentário mais espirituoso: "Tomar chifre do Chico Buarque é mais importante do que ganhar um Grammy."[36]

O veterano artista e a moça não foram mais vistos juntos, pelo menos em público. Duna e Celina separaram-se tempos depois do episódio, após quinze anos juntos. Duna não perdoou o compositor, mas lidou melhor com a história desde que impôs um desafio criativo a si mesmo: compor músicas que serviam como respostas às canções que, segundo ele, Chico teria composto em homenagem a sua mulher.

A primeira feita por Chico teria sido "Cecília" ("Quantos poetas / Românticos, prosas / Exaltam suas musas / Com todas as letras"), gravada no disco *As cidades*, lançado em 1998, ano em que Chico e Celina foram flagrados juntos pela primeira vez por Duna – o marido contornou a situação conversando com ambos, separadamente. O casamento seguiu e o pianista sentiu que ainda existia algo entre os dois ao ouvir "A moça do sonho" (2001), letra de Chico, melodia de Edu Lobo.

Duna desconfiou que a jovem habitante dos devaneios do rival continuava sendo Celina. Afinal, a composição se referia a "um confuso casarão, onde os sonhos serão reais e a vida não". O estúdio do pianista, onde Chico e ela supostamente se conheceram em meio às gravações, funcionava dentro de um casarão, confuso por conta dos labirintos para acessá-lo.

O que parecia apenas uma paranoia virou certeza quando Duna soube, como todo o Brasil, que sua mulher e o compositor haviam sido fotografados aos beijos no mar do Leblon. A raiva aumentou no momento em que o pianista ouviu "Renata Maria" (2005), composta logo depois do acontecimento e que seria, segundo ele, a terceira música dedicada a Celina. Um trecho:

Nem uma brisa soprou
Enquanto Renata Maria saía do mar

(...)
Quieto como um pescador a juntar seus anzóis
Ou como algum salva-vidas no banco dos réus

Nas réplicas indiretas a Chico, não reveladas publicamente, Duna compôs três músicas, "Moça ajeitada", "Cecília Maria" e "Maria Beatriz" – esta última uma linda bossa nova em resposta à canção "Renata Maria":

O senhor abusou de tanto espreitar
A linda mulher, Maria Beatriz
Sonhador
Pescador que perdeu o anzol

Chico não falou sobre o assunto nem quando a história esfriou. Desde os anos 1980, ele tinha tomado a decisão de não conceder mais entrevistas, apenas conversar, e muito raramente, com jornalistas ou publicações de absoluta confiança.

Eu não gosto de intimidade com jornal e são poucos os jornalistas com quem mantenho amizade. Não gosto da ideia de estar conversando com uma pessoa, porque a tenho como uma amiga, e essa pessoa, por sua vez, possa estar interessada profissionalmente na conversa, tornando depois público o que era particular. Isso me inibe e faz deteriorar qualquer amizade. Há muitos jornalistas que sobrepõem a profissão à amizade. Já houve quem se utilizasse da minha amizade para obter informações usadas depois indevidamente. Então você é obrigado a conversar com um pé atrás e isso não é conversa de amigos. Se um amigo que é jornalista está me entrevistando, eu me comporto como um artista falando para um órgão de imprensa. O jornalista, queira ou não, exerce um poder e eu não quero ser simpático a poderoso nenhum.[37]

TROCANDO EM MIÚDOS: SEIS VEZES CHICO

O convívio com a imprensa não foi bom desde o início, e piorou bastante depois que voltou do autoexílio em Roma. Ele deixou de ler diariamente os principais veículos de comunicação para não se aborrecer. Em 1984, entusiasmado com os desdobramentos da campanha pelas Diretas Já, abriu uma exceção e assinou a *Folha de S.Paulo*, na época o jornal mais identificado com a causa democrática, a ponto de ostentar na primeira página uma tarja amarela conclamando o leitor: "Use amarelo pelas Diretas Já."

Arrependeu-se do investimento meses depois, ao perceber que a *Folha* dava a ele o mesmo tratamento concedido pelos jornais cariocas, que havia muitos anos pegavam no seu pé, dando um jeito de criticá-lo por qualquer motivo:

> Bom, eu não sou bobo nem idiota, eu imagino que tenha alguém lá em cima que não tenha muita simpatia por mim, porque eu vejo notas contra mim em toda parte, até na coluna de futebol (...). Não é brincadeira, na coluna de futebol aparecia: "Chico Buarque não foi à preliminar do Maracanã, e foi bom porque ele não passa a bola pra ninguém, ele é o dono da bola." Numa época em que eu saía na crítica de culinária — eu não estou exagerando —, saía que eu tinha sido visto na fila de filme pornô, na coluna social, em toda parte. E eu dizia: "Ou a redação inteira está contra mim, o que eu não acredito, ou então jornalistas menos independentes estão querendo agradar a alguém lá em cima." É o que está acontecendo com esse órgão de imprensa paulista, infelizmente. Porque, inclusive, eu fiz assinatura na época da votação das Diretas, porque foi o jornal que, por interesse ou não, tomou a frente das eleições diretas. Durante aquele tempo em que ele usava aquela tarja amarela eu tive a assinatura, quando ela terminou eu dei graças a Deus, porque já não era o jornal que eu tinha assinado.[38]

Chico afirma que condena qualquer medida atentatória à liberdade de imprensa, mas, ao ser difamado por algum jornal ou jornalista, não tem dúvida em acioná-los judicialmente. É a maneira que diz ter encontrado para se proteger e equilibrar um pouco as coisas:

> Escrevi em jornais alternativos como *O Pasquim*, fui do conselho editorial do jornal *Opinião* e de outros que a censura perseguiu e esmagou. Por isso mesmo, não sou simpático a nenhuma medida restritiva à liberdade de imprensa e muito menos à ideia de uma lei que ameace economicamente a existência dos jornais. Por outro lado, acho que deveria haver menos espírito de corpo por parte dos jornalistas (...). Eu também observo que, embora exponham sem cerimônia a vida das outras pessoas, os jornalistas permanecem, por sua vez, a salvo. Há alguns muito conhecidos, pois têm suas fotos estampadas nas colunas, dão entrevistas na televisão, lançam livros, o público poderia estar interessado na vida deles também. Mas um jornalista não toca na vida pessoal de outro jornalista.[39]

Em 2013, ele e outros artistas de sua geração tiveram a oportunidade de discutir mais a fundo o direito à privacidade, depois que a Anel (Associação Nacional dos Editores de Livros) moveu uma Ação Direta de Inconstitucionalidade no Supremo Tribunal Federal contra os artigos 20 e 21 do Código Civil, por permitirem a censura prévia de biografias.

Seis anos antes, protegido pelos dois códigos, o cantor Roberto Carlos, alegando invasão de privacidade, havia obtido a proibição na Justiça da publicação da biografia *Roberto Carlos em detalhes*, escrita pelo jornalista e historiador Paulo César de Araújo. Na época, onze mil exemplares do livro foram retirados das livrarias de todo o país e empilhados num galpão de propriedade do cantor.[40]

Contra a investida da Anel, o G7 da MPB armou a resistência. O grupo das sete estrelas da música brasileira – Chico, Roberto Carlos, Caetano Veloso, Gilberto Gil, Milton Nascimento, Djavan e Erasmo Carlos – fundou a Procure Saber. Porta-voz da associação, a empresária Paula Lavigne apressou-se em dizer que a intenção não era proibir nada, apenas manter a lei como estava.

O problema estava justamente nessa luta para conservar normas que violavam de maneira clara a liberdade de expressão e o direito à informação. A peleja logo virou o assunto da vez nos cadernos de cultura e política dos principais jornais e revistas do país. O posicionamento de Roberto Carlos não surpreendeu a ninguém, mas muitos questionaram a conduta de Chico, Caetano e Gil, três dos artistas mais censurados pela ditadura militar.

Durante a Bienal do Livro, no Rio, em setembro de 2013, o jornalista e biógrafo Ruy Castro leu um manifesto, assinado por nomes como João Ubaldo Ribeiro, Boris Fausto e Luis Fernando Verissimo, em solidariedade à causa defendida pela Associação Nacional dos Editores de Livros:

> O Brasil é a única grande democracia na qual a publicação de biografia de personalidades públicas depende de prévia autorização do biografado. Um país que só permite a circulação de biografias autorizadas reduz a sua historiografia à versão dos protagonistas da vida política, econômica, social e artística. Uma espécie de monopólio da História, típico de regimes totalitários.[41]

Chico posicionou-se pela primeira vez sobre o assunto num artigo publicado no jornal *O Globo*, no dia 16 de outubro de 2013. O que era para ser mais um texto na imprensa expondo as razões e motivações do grupo Procure Saber virou a gafe do ano. O compositor afirmou não ter conversado com Paulo César de Araújo durante a apuração da biografia de Roberto Carlos – apesar do seu nome aparecer na lista de entrevistados pelo autor:

> Pensei que o Roberto Carlos tivesse o direito de preservar sua vida pessoal. Parece que não. Também me disseram que sua biografia é a sincera homenagem de um fã. Lamento pelo autor, que diz ter empenhado 15 anos de sua vida em pesquisas e entrevistas com não sei quantas pessoas, inclusive eu. Só que ele nunca me entrevistou.

Era uma acusação grave. Em meio ao imbróglio das biografias não autorizadas e o amplo debate sobre censura prévia, direito à privacidade e outras questões, Chico sugeria que o biógrafo não oficial de Roberto Carlos, um dos principais personagens da celeuma, havia inventado uma entrevista.

No mesmo dia da publicação do texto de Chico, Paulo César de Araújo enviou ao jornal *O Globo* não só uma foto do encontro na casa do compositor, na tarde do dia 30 de março de 1992, como também um vídeo da entrevista. O compositor ainda teve que engolir uma ironia de Araújo: "[Naquele dia] falamos muito sobre censura, interrogatórios – creio que por isso ele escreveu, junto com o autógrafo que me deu na capa do disco *Construção*: 'Para o Paulo, meu amável interrogador, com um abraço do Chico Buarque.'"[42]

Por meio da assessoria de imprensa, o compositor retratou-se com o biógrafo. "No meio de uma entrevista de quatro horas, vinte anos atrás, uma pergunta sobre Roberto Carlos talvez fosse pouco para me lembrar que contribuí para sua biografia. De qualquer modo, errei e por isto lhe peço desculpas."

Chico, porém, na mesma nota à imprensa, deixou claro que sustentava outras informações do texto de *O Globo*, como a que também questionava Paulo César de Araújo por reproduzir uma entrevista – desta vez em outro livro de sua autoria (*Eu não sou cachorro, não*, 2002) – que ele não teria dado para o jornal *Última Hora*, em 1970:

> Quanto à matéria da *Última Hora*, mantenho o que disse. Eu não falaria com a *Última Hora* de 1970, que era um jornal policial, supostamente ligado a esquadrões da morte. Eu não daria entrevista a um jornal desses, muito menos para criticar a postura política de Caetano e Gil, que estavam no exílio. Mas o biógrafo não hesitou em reproduzi-la em seu livro, sem se dar o trabalho de conferi-la comigo.[43]

Neste caso, a história e os fatos parecem dar razão a Chico. A suposta entrevista ao jornal *Última Hora*, concedida em junho de 1970, não soa verossímil. Ela começa com o jornalista pedindo para Chico apontar pessoas de quem não gostava. A resposta: "Juca Chaves e o pessoal da falecida tropicália."

A entrevista segue, com o repórter querendo saber se Caetano e Gil, ainda exilados em Londres, tinham alguma chance de fazer sucesso na Europa. Chico teria respondido: "Não, por causa do idioma. Além disso, nos cartazes de publicidade que eles mandaram imprimir consta que foram banidos do país. Isso é ridículo, querer vencer pela pena."

Era também difícil imaginar alguém como Chico sendo tão revanchista e rasteiro com Caetano e Gil, com quem mantinha uma relação de respeito e camaradagem, apesar da rivalidade alimentada pela imprensa e de seguirem caminhos diferentes na música após a eclosão do tropicalismo. Os três, afinal, estavam no mesmo barco, sofrendo com a censura e a perseguição política – cada um, à sua maneira, incomodando os militares. Chico exilou-se primeiro. Já morando em Roma, recebeu uma carta de Caetano, entregue pelo jornalista Nelson Motta, alertando para que não voltasse ao Brasil tão cedo – recado recebido de um tenente durante sua prisão na Vila Militar, no Rio.

No exílio em Londres, se Gil ouvia Celly Campello para não cair na fossa, Caetano ouvia Chico sem parar: "Eu cantava 'Apesar de você', do Chico, como se fosse um grito de guerra. Chorava e cantava, sendo consolado por Dedé, como se fosse uma oração, com ódio e uma enorme vontade de me vingar daquela gente que conduzia a ditadura no Brasil e que me prendeu."[44]

O conturbado histórico de Chico com a imprensa brasileira teve entrevistas dadas e esquecidas, outras publicadas com distorções e até pelo menos uma que simplesmente não houve, mas saiu impressa.

No dia 27 de abril de 2000, às 11 horas da manhã, enquanto aguardava um voo no aeroporto de Guarulhos, em São Paulo, rumo a Salvador, na Bahia, ele foi abordado pela jornalista Mara Magaña. Os dois conversaram informalmente durante um tempo até o compositor entrar na fila para embarcar. Dois meses depois, a surpresa: o colóquio estava transformado numa longa entrevista para a revista *Sexy*.

Eu levei um susto. Na verdade, não era uma entrevista minha. Inventaram uma história, tiraram várias coisas de outros lugares, outras entrevistas. E a mulher colocou na minha boca, com palavras dela. Não que as informações estejam erradas, mas eu fiquei parecendo um débil mental falando. E olha que coisa de maluco, eu canto no meio da entrevista, respondo perguntas com trechinhos de canções.[45]

Ao inventar a entrevista, a repórter não teve o trabalho nem de tentar dar veracidade à tramoia. Nenhuma das supostas afirmações – um festival de lugares-comuns – parecia ter saído da boca do compositor. Como na parte em que um imaginário Chico fala da Bahia e do encanto pelo nascimento do neto Francisco, filho de Helena Buarque e do compositor soteropolitano Carlinhos Brown: "Veja a Bahia: todo menino e menina tem a música na alma. Meu netinho já mostra esse frenesi, essa malemolência necessária. Amo isso. É a nossa cara."

Antes de atestar com os próprios olhos que se tratava de um texto apócrifo, Chico quase foi convencido pelos editores da revista de que, de fato, dera a entrevista. "Eles [editores] tinham tudo: a história de como foi feita a entrevista, dia 27 de abril, aeroporto de Guarulhos, das 11 da manhã ao meio-dia. Tudo com uma precisão que eu mesmo comecei a achar que talvez pudesse ter dado a entrevista. Só vi que eu não tinha dado quando a li. Eu não poderia ter falado aquelas coisas, eu nunca falei coisas assim."[46]

Os editores defenderam a repórter até o fim. Esgotados os argumentos, tiraram uma carta da manga: asseguraram que, além de ter concedido a entrevista, ele revelou à repórter uma canção inédita de sua autoria. O compositor, espantado, pediu para ver a tal letra. "A letra era um horror! O pior é que o editor me mostrou e disse: 'Tá vendo? Essa letra é a sua cara!' Foi aí que eu resolvi processar. Depois dessa eu tive que ligar pro advogado."[47]

Chico só iria ficar menos vulnerável a situações como essa em 2015, depois de ser confrontado por um grupo de jovens na saída de um restaurante no Leblon. Tornou-se ainda mais reservado – não caminha mais pela praia e evita a ida a bares e restaurantes. Prefere cultivar esses hábitos na paz de Paris (interrompida brevemente em 1991, quando descobriram o número do telefone do apartamento na Île Saint-Louis – ele tratou logo de trocá-lo por um fax).

No dia 18 de setembro de 2022, a imprensa só tomou conhecimento de que Chico havia se casado pela segunda vez – com a advogada Carol Proner – porque um funcionário "biscoiteiro" do cartório de Itaipava, no Rio de Janeiro, postou fotos da discreta cerimônia no Instagram do tabelionato.

4. POLÊMICAS

Você não gosta de mim

> De repente, é todo mundo contra Caetano e Gil, como alguns anos antes era todo mundo a favor deles e eu era o outro lado da gangorra, não é? De repente vira tudo, aí se diz que eles são dois alienados, que eu é que sou o quente. E eu tenho que reagir, dizer "pera aí, não é isso não". Eu detesto ser usado. A autonomia é muito importante para mim. As pessoas me usam de uma maneira sem-vergonha, o tempo todo, e têm usado há muito tempo.

A declaração acima, trecho de uma entrevista de Chico à revista *Playboy* em 1979, ocorreu no calor de uma grande polêmica. De um lado os patrulheiros ideológicos que, em plena abertura política, insistiam em impor regras e cartilhas e vigiar a produção de artistas; do outro, o grupo liderado pelos tropicalistas Caetano e Gil, que não se sentia mais na obrigação de agir frontalmente contra a ditadura.

Tropicalistas e fãs alinhados com os baianos preferiam responder às conturbações do mundo com seu exemplo pessoal, buscando a paz interior por meio da dança e do culto às coisas belas, como prega a canção "Odara", de Caetano – algo pouco apropriado ao momento do país, segundo os patrulheiros. Chico está certo quando diz que o seu nome foi usado, e muitas vezes de forma leviana, para alimentar celeumas e rivalidades. Ele poderia, sim, iniciar uma boa briga ou tomar partido numa beligerância, mas só quando movido por vontade própria.

A relação com Caetano, por exemplo. Não chegou a haver um abismo intransponível entre eles – nem estético. Ambos foram estimulados para a música por amor à bossa nova de João Gilberto e Tom Jobim. E num determinado período, antes que fossem acirradas as paixões e deflagrados movimentos, pertenceram à mesma turma em São Paulo.

A camaradagem entre Chico e Caetano não impediu que, no imaginário popular, os dois fossem vistos como rivais. Ao noticiar o fracasso de público na estreia do show *Uns*, de Caetano, em junho de 1983 no Canecão, o *Jornal do Brasil* brincou: "Os fãs do Chico estão adorando." Em 2009, chamado por Caetano de "analfabeto", o então presidente Lula, mais diplomático, retrucou com uma ironia: "Minha resposta a Caetano eu dei ontem à noite, quando ouvi o CD do Chico Buarque."[1]

É preciso reconhecer, porém, que os tropicalistas ajudaram a alimentar esse antagonismo no final dos anos 1960, época em que a música brasileira mais parecia a arena de uma rinha de galo. E que Chico em muitos momentos entrou na pilha – ou quase, como em 1967, quando cogitou participar da Marcha Contra a Guitarra Elétrica (liderada pelos chamados "tradicionalistas", como se autodenominavam os músicos ligados a Elis Regina, Edu Lobo, Francis Hime e Dori Caymmi), mas desistiu na última hora.

Chico, intimamente ligado às raízes da música brasileira e à sua modernização pela bossa nova, jamais se considerou um purista. Em 1970, incomodado com a associação de seu nome a certos movimentos, como a ridícula marcha contra a guitarra, ele desabafou ao *Pasquim*, sugerindo que os tropicalistas eram em parte culpados por isso: "Eu nunca quis ser tradicional e nunca pretendi ser (...). Criaram uma imagem minha que foi muito ruim pra mim, me chateou pessoalmente. Não sei quem foi que resolveu fazer isso. Não sei de que forma eles [tropicalistas] contribuíram para isso. A partir daí eu perdi um pouco o contato."

Três anos antes dessa declaração de Chico ao *Pasquim*, Gilberto Gil tentou apaziguar os ânimos, propondo um armistício entre as duas turmas rivais. Como escreveu Caetano na autobiografia *Verdade tropical*, Gil propôs um movimento que desencadearia "as verdadeiras forças revolucionárias da música brasileira, para além dos slogans ideológicos das canções de protesto, dos encadeamentos e do nacionalismo estreito".

Faltou combinar com os russos, no caso, com os tradicionalistas. Dori Caymmi, Francis Hime e Edu Lobo, presentes na reunião convocada por Gil, se mostraram pouco dispostos a embarcar no mesmo barco dos tropicalistas – o que de certa forma já era esperado por Caetano e Gil. O que eles estranharam foi a indiferença de Chico, até então o mais propenso ao diálogo. "[Chico] embriagava-se e ironizava o que mal ouvia", escreveu Caetano, em *Verdade tropical*.

Dori, Francis e Edu não conseguiram banir o uso da guitarra elétrica, instrumento que simbolizava a nociva ingerência do rock'n'roll na pura e intocada música popular brasileira, mas, com o apoio tácito de Elis, convenceram Paulinho Machado de Carvalho, diretor artístico da TV Record, a barrar a presença dos tropicalistas na Bienal do Samba – o primeiro festival só com composições do gênero, organizado pela emissora paulista em 1968.

A ausência na linha de frente da Marcha Contra a Guitarra Elétrica e as recentes declarações contra qualquer forma de patrulhamento levaram os tropicalistas a acreditar que Chico se recusaria a participar de um festival que nascia sob a égide do sectarismo musical. Não foi o que aconteceu. Chico foi um dos primeiros a confirmar a participação na Bienal do Samba – subiria ao palco para cantar o samba "Bom tempo", acompanhado de Toquinho ao violão.

O tempo fechou nas eliminatórias. Logo no início da sua apresentação, Chico viu um sujeito se levantar no meio da plateia e puxar uma vaia. Não se surpreendeu com o protesto, quase uma instituição dos festivais, mas com o autor dele, um músico e amigo. Entrevistado ao descer do palco, comentou, irritado: "Um sujeito trata a gente bem e depois você o descobre chefiando uma vaia na plateia. Não adianta citar nomes. Todo mundo viu."[2]

Alguns jornais noticiaram que a vaia havia sido puxada por Gilberto Gil, que, na época, não se pronunciou sobre o assunto. Chico, sim, de novo, dessa vez num texto publicado na coluna Roda Viva, assinada por Nelson Motta na *Última Hora*. O jornalista havia cedido o espaço a Chico, num ato de solidariedade ao músico, atacado abertamente por Tom Zé durante o programa de Hebe Camargo, uma das maiores audiências da televisão.

Perguntado sobre o que achava de Chico Buarque, o tropicalista Tom Zé, ainda com a Bienal do Samba na cabeça, debochou: "Gosto muito do Chico, afinal ele é nosso avô." Era uma referência ao fato de Chico representar, mesmo a contragosto, uma MPB obsoleta. Se ele era o avô, símbolo

TROCANDO EM MIÚDOS: SEIS VEZES CHICO

do que já estava ficando para trás, os netos eram os tropicalistas, estes sim na vanguarda. Chico devolveu a provocação, na coluna do Nelson Motta, numa frase que entrou para a história: "Nem toda loucura é genial, como nem toda lucidez é velha."[3]

Nesse mesmo artigo, Chico relembrou o episódio ocorrido na Bienal do Samba – de novo sem citar Gil, mas dando novas pistas sobre quem seria o puxador da vaia: "Já era hora de enfrentar o dragão, como diz o Tom. Enfrentar as luzes, os cartazes, e a plateia, onde distingui um caro colega regendo um coro pela frente, de franca oposição. Fiquei um pouco desconcertado pela atitude do meu amigo, um homem sabidamente isento de preconceitos. Foi-se o tempo em que ele me censurava amargamente, numa roda revolucionária, pelo meu desinteresse por participar de uma passeata cívica contra a guitarra elétrica."[4]

Pelas falas de Chico, eliminando suspeitas, chega-se ao nome de Gil como o regente da vaia. A primeira pista: trata-se de um amigo próximo. Obviamente, não poderia ser ninguém da ala "tradicionalista" – Dori, Francis e Edu só tinham motivos para aplaudir a decisão de Chico de participar da Bienal do Samba. Caetano? Também não. Como Chico, ele se recusou a participar da passeata contra a guitarra elétrica, assim como todos os outros tropicalistas. A exceção foi Gil, visto na primeira fileira de braços dados com Elis Regina e Jair Rodrigues.

E quando Chico se refere a um "homem sabidamente isento de precon-ceitos" está fazendo uma insinuação a Gil. Meses antes de se tornar um dos expoentes do movimento que se caracterizaria pela comunhão de correntes artísticas de vanguarda com a cultura pop, ele tomara uma posição intran-sigente sobre os caminhos da MPB. "Gil era desse movimento de samba puro, sem guitarra, brigava muito com Roberto Carlos. Eu nunca levei a sério esse negócio"[5], disse Chico.

Gil e Caetano só falaram sobre o assunto muitos anos depois. Caetano não gostou de um trecho do livro *1968 – o ano que não terminou*, lançado em 1989 pelo jornalista Zuenir Ventura, que confirmava a vaia de Gil a Chico. "Gil jamais faria algo assim, porque é um homem digno, muito maior que essa mesquinharia. Eu disse a Zuenir, e ele não pôs no livro

136

POLÊMICAS

o meu desmentido, como deveria pôr."[6] O escritor não deu confiança ao baiano: "Não reconheço em Caetano competência específica para julgar o que é jornalisticamente certo ou errado."[7]

Entrevistado pelo jornal *O Globo*, em 1997, Gil se posicionou pela primeira vez sobre o episódio e negou ter puxado a vaia. Ele tinha, sim, se levantado, mas para protestar contra o protesto, chegando até a gritar "Chico, você é lindo!", enquanto pessoas ao seu lado insistiam em vaiar o autor de "Bom tempo". "Sandra [sua mulher na época] estava ao meu lado e é testemunha", assegurou Gil.

Depois da Bienal do Samba, Chico e os tropicalistas, que até então se divertiam com as tentativas da imprensa de colocá-los como personagens de outra grande rivalidade musical da música brasileira, começaram a se estranhar pra valer, sobretudo Caetano e Chico. Quando Caetano, entre a prisão e o exílio em Londres, decidiu gravar uma versão de "Carolina", de Chico, este teve a certeza de que se tratava de uma provocação: "Será que ele gravou de boa-fé ou de má-fé? (...) Achei que ele cantou muito perto do microfone e o violão [de Gil] está mal tocado."[8]

Além do mais, Caetano sabia que Chico não gostava de "Carolina" – nem pretendia gravá-la. A canção, interpretada por Cynara e Cybele no II Festival Internacional da Canção da TV Globo, de 1967, serviu como moeda de troca para o compositor. Ao cedê-la para a dupla, Chico ficou livre de pagar multa por rescindir um contrato com a Globo, após desistir de apresentar o programa *Shell em show maior* ao lado de Norma Bengell.

Chico arrependeu-se profundamente de ter topado a permuta com a Globo — meses depois, Agnaldo Rayol, encantado com a canção, gravou "Carolina" com o dó de peito característico, interpretação que emocionou o mais duro dos homens: o general-presidente Costa e Silva, grande responsável pela radicalização dos instrumentos de controle e repressão durante o regime militar (o AI-5 foi promulgado no seu governo). A versão de Agnaldo chegou a fazer parte de um LP dedicado às preferidas do então ditador.

A troca de provocações continuou. Em 1972, ao retornar do exílio em Londres, Caetano demonstrou incômodo com a maneira como parte da opinião pública tratava Chico, sugerindo uma complacência maior com um artista nascido na zona sul do Rio e criado em São Paulo – ao contrário dele, um cidadão nordestino. Para o baiano, as pessoas também tendiam a ser mais benevolentes com o autor de "Apesar de você" por causa do seu histórico de problemas com a censura. "Agora eu, que quase nunca sofri problemas com a censura, sou terrivelmente rejeitado pela sociedade, que briga com a censura a favor de Chico. Eu sou diferente de Chico? Porque nasci em Santo Amaro, ou não tenho olhos verdes, alguma razão há que sou totalmente diferente."[9]

Para Chico, se a discussão passaria a ser quem era o mais protegido por conta da origem racial e social, então também não havia a menor dúvida de que Gil era muito mais perseguido do que Caetano. "Eu te digo, há muito mais raiva do Gil que do Caetano. Odeia-se o Gil – não se gosta do Caetano mas também não se odeia. Você vê na cara de um e entende por quê. (...) Pela cara, pela atitude, pela narina, pela cabeça do Gil; Caetano é mais branco e mais magro, e franzino, raquítico."[10]

Em 1977, cinco anos depois dessa declaração, concedida num momento de grande tensão, Chico endossou a tese de Caetano:

> Quando fui detido em 68, depois do AI-5, me perguntaram o que eu estava fazendo na passeata dos cem mil ao lado daquele crioulo sujo chamado Gilberto Gil. Então, sei que se houver outro 68 (toc, toc, toc) a gente bate na madeira e não acredito que haja, nessa hora eu vou estar talvez mais protegido do que Gilberto Gil, que é chamado de alienado por aí. Vou ser mais protegido do que Caetano Veloso, porque os trejeitos dele agridem um certo tipo de cabeça. Mais protegido que Ney Matogrosso. (...) Eles não entendem realmente como você, fulano de tal, com nome, sobrenome, de olhos verdes e que torce pro Fluminense, como é que está do outro lado. Eles compreendem que um crioulo, que uma bicha esteja do outro lado, e não admitem muito que eu esteja.[11]

Mesmo com o episódio da suposta vaia na Bienal do Samba, Chico nunca se indispôs diretamente com Gil – e vice-versa. A amizade entre os dois,

POLÊMICAS

essa para toda a vida, fica acima de qualquer desavença. Mas com Caetano, não. Os dois passaram a se estranhar com certa frequência e num tom acima do esperado. Até que um amigo em comum decidiu acabar com aquela picuinha e da melhor maneira possível: juntando os dois no mesmo palco.

O empresário baiano Roni Berbert de Castro, herdeiro de um poderoso produtor de cacau, havia entrado para a história como o responsável pelo primeiro show de Chico fora do circuito paulista, ao contratar o ainda desconhecido autor de "Pedro pedreiro" para cantar numa boate em Salvador. A ideia era dividir os lucros da bilheteria, mas, como quase ninguém foi, Roni assumiu os prejuízos. Iniciou-se aí uma forte amizade – Chico se tornou padrinho de umas das filhas do empresário.

Roni também conhecia Caetano desde os anos 1960, quando o baiano frequentava a sua loja de discos, mais de olho na balconista – Gracinha, futura Gal Costa – do que nos LPs. Quando soube da rusga entre os dois ídolos e amigos, ele conversou com ambos separadamente, exigiu que as mágoas e mal-entendidos fossem deixados para trás e se ofereceu para promover um show para celebrar as pazes.

Gravado no Teatro Castro Alves, em novembro de 1972, o espetáculo se transformou num dos mais celebrados discos ao vivo da história da música popular brasileira. Contaminados com o clima de reconciliação, misturado ao calor do público baiano e a felicidade de poder cantar no próprio país após os anos de exílio, os dois músicos entraram em transe. Chico nunca esteve tão solto – após esse show ele aprenderia a soltar a voz, a ser um pouco menos tímido no palco. "Foi muito por causa do Caetano: acompanhar o pique dele, acompanhar até o tom dele, que é muito mais agudo que o meu."[12]

Daí pra frente, só homenagens mútuas. Caetano reverenciou Chico em "Língua" ("E que o Chico Buarque de Holanda nos resgate"), "Gente" e "Pra ninguém". Chico escolheu "Festa imodesta", de Caetano, como primeira faixa do disco *Sinal fechado*, de 1974, além das citações de duas canções de sucesso do baiano, "Odara" (em "A rosa"), e "Beleza pura" (em "Que tal um samba?"). Em 1986, os dois apresentaram um programa musical juntos, *Chico & Caetano*, na TV Globo.

TROCANDO EM MIÚDOS: SEIS VEZES CHICO

— Edu Lobo?
— 10.
— Caetano Veloso?
— 10.
— Gilberto Gil?
— 10.
— Roberto Carlos?
— 10.
— Gal Costa?
— 10.
— Jorge Ben?
— 10.
— Chico Buarque?
— 8.

Entrevistada pelo *O Pasquim*, em 1969, Elis Regina, instada a dar notas de 0 a 10 para personalidades apontadas pelos sabatinadores – uma tradição do jornal –, deu dez a um bocado de gente – e oito para Chico. Não era uma provocação da cantora (a avaliação poderia ter sido mais baixa: Geraldo Vandré, por exemplo, ex-aliado no brado nacional contra a guitarra elétrica, ganhou nota 5) e sim uma manifestação da falta de sintonia entre os dois, existente desde o primeiro encontro, quando Chico, em visita à casa da cantora, em busca de aprovação como compositor, demonstrou timidez em excesso – e Elis, paciência de menos.

Chico era naturalmente próximo de Nara Leão, que vivia em pé de guerra com Elis, numa rivalidade que entrou para a história da música brasileira, alimentada muito mais pela cantora gaúcha do que pela carioca. Uma hostilidade que começou por divergências estéticas (Nara deu seguidas declarações ridicularizando a Marcha Contra a Guitarra Elétrica) e se intensificou quando Elis apareceu na televisão, em 1972, em pleno endurecimento do regime militar, cantando na Olimpíada do Exército.

Parte da classe artística admitia que Elis, ameaçada, não tinha como recusar o "convite" do Exército. Já Nara e Chico achavam que a cantora

1. O desejo de virar escritor impôs um grande desafio a Chico Buarque: entrar no escritório do pai, inacessível para quase todas as crianças da casa.

2. Toda vez que se deparava com alguma vadiagem do filho, Maria Amélia repetia: "Juízo e alegria!" Chico a confrontava, sabendo da dificuldade de associar uma coisa à outra. "Mamãe, ou juízo ou alegria."

3. Com os anos de carreira, Chico aprendeu a controlar o pânico de palco, mas não a ponto de se sentir confortável com a situação.

4. Era mesmo difícil apreciar um artista que se escondia atrás do violão e mal conseguia cantar de tão travado, mas Nara Leão gostou do que ouviu.

5. Chico conversa com a irmã Miúcha (em pé, ao centro): na família Buarque os filhos podiam tudo. As filhas, quase nada.

6. O abraço em Zé Celso: *Roda Viva* enterrou de vez a fama de bom moço do autor de "A banda".

7. No Festival da Record TV, cantando "A banda" com Nara Leão: a canção nasceu como uma resposta de Chico aos oportunistas que cobravam engajamento alheio, mas não colocavam a mão na massa.

8. Na Passeata dos Cem Mil, em 1968. Chico pensou em não comparecer, mas mudou de ideia na última hora: "Eu me arriscava a ser confundido com um reacionário se não fosse a essa passeata."

9. "Quando fui detido em 1968, depois do AI-5, me perguntaram o que eu estava fazendo na Passeata dos Cem Mil ao lado daquele crioulo sujo chamado Gilberto Gil."

10. Com Ruy Guerra: a censura à peça *Calabar* resultou num duro golpe para todos os envolvidos, sobretudo para os dois autores que haviam financiado do próprio bolso a montagem do espetáculo.

11. Retornando do exílio em Roma, com Marieta e a filha Silvia: o Brasil era outro e caminhava de mal a pior.

12. Ao lado dos tropicalistas Caetano e Gil: "Nem toda loucura é genial, como nem toda lucidez é velha."

13. Chico conversa com jornalistas após ser detido no Dops por conta de uma viagem a Cuba: mesmo nos momentos em que se pedia – e se cobrava – maior engajamento, ele militou muito mais por necessidade do que por gosto.

14. Fazendo campanha para Fernando Henrique Cardoso, candidato à prefeitura de São Paulo, em 1985: de eleitor entusiasmado a desafeto público do tucano.

15. Chico soube da nomeação de Ana de Hollanda para o Minc pela imprensa – e pelos jornais acompanhou a irmã virar a Geni do governo Dilma.

16. Chico em Paris: é na capital francesa, livre das aporrinhações, que ele encontra sossego para gestar os romances.

17. Com a camisa do time de coração, Chico deixou de frequentar o Maracanã frustrado com a falta de ambição ofensiva do Fluminense e com o excesso de carolice dos torcedores

18. No Politheama, Chico é o dono da bola, do gramado, do esquema tático e do apito – apenas simbólico. Não há juiz em campo, mas é o patrono do time quem estabelece quando o jogo termina.

19. "Não me considero um homem especialmente bonito. Se eu fosse, estava contente. Não estou querendo fazer contra-propaganda das minhas qualidades, mas não acredito nelas não."

POLÊMICAS

mais popular do país estava em condições de não aceitá-lo – e deveria ter resistido. O fato é que Elis também sentiu o peso da ditadura e demonstrou coragem em vários momentos. Chegou a ser chamada mais de uma vez pelo Centro de Relações Públicas do Exército (CRPE) para prestar depoimento sobre as canções "subversivas" que estava interpretando, como "Upa, neguinho", de Edu Lobo e Gianfrancesco Guarnieri, e "Black is beautiful", dos irmãos Marcos e Paulo Sérgio Valle.

Em 1969, Elis disse a uma revista holandesa que o Brasil "era governado por um bando de gorilas".[13] Aos jornais daqui, porém, não se posicionava com a mesma veemência. Ao vê-la soltando a voz na Olimpíada do Exército, o cartunista Henfil, de *O Pasquim*, tratou de promover o enterro simbólico da cantora no cemitério do Cabôco Mamadô, personagem que mandava para a vala os supostos colaboradores do regime militar.

Para Nara, Elis também estava morta. Chico não chegou a tanto, mas a antipatia em relação à intérprete de "Arrastão" aumentou. No verão de 1972, meses antes da polêmica participação de Elis no evento militar, Chico havia completado, às pressas (o que detestava fazer), a pedido da cantora, a letra de "Atrás da porta", a então inacabada parceria com Francis Hime. Certamente o compositor não seria tão solícito se a mesma encomenda fosse feita no ano seguinte.

O estranhamento entre Chico e Elis ficou evidente nos bastidores do Phono 73, festival promovido em maio de 1973 pela gravadora Phonogram/ Philips. De propósito ou não, Chico tomou banho no vestiário destinado às mulheres, justamente no momento em que Elis se preparava para fazer o mesmo. A cantora enfureceu-se com a atitude de Chico, que não fez questão de pedir desculpas. O quiprocó foi parar na coluna social de Tavares de Miranda, na *Folha de S.Paulo*, uma das mais lidas do país:

> Elis Regina ficou irritada, antes do espetáculo, porque quando ia tomar banho – ela estava no Anhembi [sede do festival] desde as 11h da manhã –, encontrou Chico Buarque no chuveiro das cantoras. Mais tarde, Chico explicou que, como o

chuveiro masculino estava ocupado, resolveu tirar a placa "Feminino" para poder tomar seu banho calmamente.

Por conta da enorme visibilidade do festival – a convocação do time da Phonogram/Philips significava reunir no mesmo palco, além de Chico e Elis, outras estrelas da maior gravadora do país, como Gilberto Gil, Caetano Veloso, Gal Costa, Maria Bethânia, Rita Lee e Raul Seixas –, agentes do DOPS foram enviados ao Anhembi com a ordem expressa de conter qualquer atitude que soasse como provocação à ditadura.

A expectativa dos censores – e também da plateia – era saber se Chico e Gil, que haviam acabado de compor "Cálice", proibida pela censura (só seria liberada cinco anos depois), teriam a coragem de cumprir a promessa de interpretá-la em público – a canção, por meio de metáforas, expunha a repressão e a violência do governo autoritário.

Escalada para subir no palco antes de Chico e Milton, Elis tomou a maior vaia da carreira assim que começou a cantar "Cabaré", de João Bosco e Aldir Blanc. Uma humilhação que se tornou ainda maior quando a maioria do público começou a gritar "Chico! Chico! Chico!", como se ela personificasse a submissão aos militares, e ele, a desobediência civil.

Chico e Gil cumpriram o prometido. Como a letra de "Cálice" estava proibida, fizeram uma apresentação instrumental e, enquanto Gil vocalizava a melodia, Chico cantou e repetiu apenas a palavra "cálice", dando-lhe duplo sentido: no contexto político soou como "cale-se".

Temendo uma represália dos militares, os produtores da Phonogram desligaram um dos cinco microfones do palco, aquele destinado a Chico. Ao perceber o corte, o cantor pulou para o microfone ao lado, mas já o encontrou mudo. Repetiu o gesto até que o quinto aparelho fosse apagado. Possesso, gritou para que todos ouvissem: "Filhos da puta!"

Um ano e meio depois, em agosto de 1974, Chico e Elis voltaram a se encontrar em outro evento musical – a inauguração do Teatro Bandeirantes, em São Paulo, com a participação de vários artistas. Elis não foi vaiada, nem poderia, já que seu companheiro de palco, dessa vez, foi o próprio Chico. Os dois mal se olharam durante a interpretação de "Pois é", de Chi-

POLÊMICAS

co e Tom Jobim – aí já era querer demais –, mas depois desse encontro as coisas voltaram a ser como antes: uma relação de respeito, protocolar, sem grandes intimidades.

Empresário de Elis na época e responsável pela festa de inauguração no Teatro Bandeirantes, o produtor Roberto de Oliveira conta, em depoimento para este livro, como conseguiu diminuir a rejeição de Elis entre o público mais jovem – e o motivo de Chico, amigo de muitos anos, manter-se com um pé atrás em relação à cantora, mesmo reconhecendo a sua grandeza como artista:

> Depois da apresentação na Olimpíada do Exército, da vaia no Phono 73, Elis me procurou, pedindo para participar do Circuito Universitário, criado e organizado por mim. Ela queria limpar a barra dela com o público jovem, diminuir a rejeição com a esquerda estudantil, que a vaiava com frequência. Não era algo difícil pra ela, que não havia sido criada num ambiente de direita. Seu pai era brizolista, tinha paixão pelo Getúlio (Vargas) e pavor dos militares. Quando propus a Chico de subir ao palco junto com Elis, na inauguração do Teatro Bandeirantes, ele topou na hora. Chico é um cara muito cuidadoso com as pessoas, sentiu a pressão sobre a Elis e a importância do seu gesto naquele momento. Mas isso, claro, não fez deles dois grandes amigos. Chico jamais engoliu algumas atitudes da Elis. Por exemplo: a entrevista de Elis à tal revista holandesa, chamando os generais de gorilas. Havia entre a classe artística, sobretudo a mais politizada, próxima de Nara e Chico, a desconfiança de que Elis não tivesse dado essa entrevista – uns tinham certeza de que quem havia chamado os militares de primatas havia sido Nara, numa conversa para uma rádio durante o exílio em Paris, anos antes. E depois houve o episódio da Olimpíada do Exército. Esse mal-estar ficou para sempre, independentemente dos encontros que ocorreram depois e das canções que Elis gravou do Chico.

143

TROCANDO EM MIÚDOS: SEIS VEZES CHICO

Durante o interrogatório no Centro de informações do Exército (CIE), no dia 22 de novembro de 1971, Elis negou ter chamado os generais brasileiros de gorilas. Tudo não passava, segundo ela, de invenção da revista holandesa *Tros-Nederland*:

> Realmente, estive neste país [Holanda] e fui entrevistada coletivamente pela imprensa de Amsterdã. Porém, não me foram feitas perguntas sobre qualquer assunto político relacionadas com o Brasil. As perguntas se limitaram a assuntos de música, como o movimento de bossa nova, a participação de Ronaldo, meu marido, no mesmo movimento, importância de Tom Jobim e Vinicius [de Moraes] e validade do trabalho de Sérgio Mendes como músico brasileiro no exterior (...). Nego terminantemente ter feito as declarações publicadas naquela revista. Nego, apesar de sugerida, que tenha feito uma entrevista em particular a qualquer jornalista.

No mesmo depoimento ao CIE Elis negou qualquer participação em movimentos de conotação política: "Nunca participei de qualquer movimento ou coisas do gênero de cunho subversivo. Além do mais, em minha vida pessoal, não tenho relacionamento com artistas ou intelectuais, além de encontros ocasionais em restaurantes e teatros, pois não gosto particularmente do que comumente se chama 'patota'."

É bem provável que Elis tenha dado esse depoimento sob enorme pressão, para dizer coisas que jamais diria se não estivesse sob constante ameaça. Outra hipótese não pode ser descartada: a de que a cantora sequer deu essas declarações – foi obrigada apenas a assinar o documento, sem direito a lê-lo, procedimento muito comum nos interrogatórios do CIE.

Mas Chico, tão pressionado quanto Elis, havia se comportado de maneira diferente. Não há registros nas fichas do CIE e do DOPS de qualquer depoimento desmentindo alguma crítica sua ao regime militar, nem que evitava contato com "artistas e intelectuais de cunho subversivo". Estavam todos no mesmo barco – e, segundo ele, artistas de grande projeção tinham

POLÊMICAS

a obrigação de serem ainda mais contundentes nas críticas à ditadura, pois a superexposição servia como um escudo.

Chico espelhava-se na atitude da amiga Nara Leão, uma das primeiras entre os artistas brasileiros a tomar posição aberta contra o regime militar, quando deu uma corajosa entrevista, em 1966, ao *Diário de Notícias*, afirmando que o "Exército não servia para nada". O depoimento custou caro a Nara, que assim entrou no radar dos militares. Mesmo ameaçada, continuou gravando canções de cunho político. Só deixou o Brasil rumo ao exílio, após Chico, recém-saído de um interrogatório, lhe passar o recado de que os militares pretendiam enfiar um ferro quente na sua vagina se permanecesse sendo tão abusada.

Talvez lembrando disso, Chico não citou Elis numa toada gravada em 1993, "Paratodos" – a célebre homenagem aos protagonistas da canção brasileira. Argumentou, porém, que foi apenas uma questão de falta de espaço na letra diante da fartura de talentos. "Quem disse que não gosto da Elis? Ou da Elizeth [Cardoso]? Ou do Ciro Monteiro? Artistas que admiro. Fazendo as contas, há mais do lado de fora que dentro de 'Paratodos'. Mas a música foi escrita para todos."[14]

Como bem disse Roberto de Oliveira, Chico é um sujeito cuidadoso com as pessoas, flexível, de temperamento dócil, pouco disposto ao conflito – desde que não pisem, seguidas vezes, no seu calo. Quando isso acontece, um outro Chico entra em cena, capaz de gestos inesperados, como a cusparada no rosto de uma das unanimidades nacionais – não para ele: o cartunista e humorista Millôr Fernandes.

Sempre que surgia a oportunidade para dar uma cutucada em Chico, Millôr aproveitava – se ela fosse parar nas páginas dos jornais, melhor ainda. A implicância começou de maneira sutil, com o humorista fazendo comentários maldosos sobre o compositor, muitas vezes na presença de amigos em comum sabatinados pelo time de jornalistas de *O Pasquim*, do qual Millôr fazia parte.

Numa entrevista de Tom Jobim ao tabloide, publicada em 1969, Millôr fez questão de deixar claro que não achava Chico um bom letrista – um direito seu. O compositor deve ter se irritado ainda mais com a insistente desqualificação da sua criatividade:

> **Millôr:** Eu conheço "Sabiá" desde o tempo que se chamava "Gávea", antes da letra de Chico, quando você tocava a música aqui. Você não acha que ela perdeu com a letra? Não vale camaradagem.
> **Tom:** Millôr, eu acho o Chico um gênio. O Chico me deu tanto para o "Gávea": fez uma letra que eu não sabia fazer.

> **Millôr:** Mas, Tom, você acha realmente impossível fazer a menor restrição a um amigo da gente que fez uma coisa ruim?
> **Tom:** Chico Buarque foi muito gentil em pegar essa parada da "Sabiá", que vinha da "Gávea", que era minha, já na aposentadoria, fazendo samba para inglês ver. Talvez porque o pai dele, Sérgio Buarque de Holanda, foi amigo do meu pai, Jorge de Oliveira Jobim, de porta da livraria Garnier.

> **Millôr:** Mas você também é um grande letrista. Em "Retrato em Branco e Preto" [que antes de ganhar letra de Chico chamava-se "Zíngaro"], que é música sua e letra de Chico, não tem muita letra sua?
> **Tom:** Juro por Deus que não tem uma palavra minha ali.

O que parecia apenas picuinha virou coisa séria. Tudo começou com uma provocação de Jaguar – não a Chico, e sim aos militares. O também cartunista de *O Pasquim*, inspirado, decidiu fazer uma gozação com o quadro de Pedro Américo em que Dom Pedro I, às margens do Ipiranga, grita "independência ou morte". No lugar da célebre frase, o imperador brasileiro surgia na capa do *Pasquim* erguendo a espada por uma reivindicação menos nobre: "Eu também quero Mocotó!", bradava, parodiando o sucesso de Jorge Ben.

Os generais não acharam a menor graça. Dias depois da publicação, no dia 1º de novembro de 1970, Jaguar foi detido, assim como quase toda

POLÊMICAS

a redação – Tarso de Castro, Sérgio Cabral, Paulo Francis, Ziraldo, Fortuna, Flávio Rangel e Martha Alencar também encararam o xadrez na Vila Militar. Um dos expoentes do jornal escapou da prisão: Millôr Fernandes.

Muitos estranham a não prisão de Millôr, o nome mais conhecido entre os integrantes de *O Pasquim* e que, em tese, estaria mais exposto, correndo mais riscos. Após a prisão dos colegas, Millôr não deixou seu apartamento nem pra comprar pão, se recusando a comparecer na redação, onde colaboradores do jornal – entre eles, Chico Buarque (que fora correspondente durante o exílio em Roma) – fizeram um grande mutirão para manter o jornal ativo e de pé, no episódio que entrou para a história como "A gripe do Pasquim".

A jornalista Martha Alencar, secretária de redação de *O Pasquim*, libertada no dia seguinte, por estar grávida do segundo filho, conta, em depoimento ao autor:

> Toda essa história pegou muito mal pro Millôr. Qualquer pessoa que pegasse o catálogo telefônico da época sabia onde achá-lo. Ele tinha dois endereços, a casa dele e o estúdio. Eu tinha me mudado há quinze dias para um apartamento novo, que não constava do catálogo telefônico, e os caras foram na minha casa e me prenderam – eu estava grávida de meu segundo filho. O que me faz acreditar que Millôr deve ter feito um tipo de articulação que eu não sei dizer qual foi. Na redação, o Miguel Paiva assumiu a paginação no lugar do Fortuna. Ficamos eu, o Miguel, a equipe gráfica, a Bárbara [Oppenheimer], que era a diretora administrativa, acompanhados de cinco paraquedistas do exército. A gente tinha de levar as páginas prontas para a censura. Eu levava as páginas na Praça XV, tudo pronto. Eles cortavam a metade. A gente voltava, fazia tudo de novo, até a edição ser aprovada. E o Millôr, nesse processo todo, não ia à redação de jeito nenhum. Na verdade, ele fez o *Pasquim*, os textos eram todos do Millôr, ele escreveu como um louco. Ele e o Henfil. Aí se formou uma

onda de solidariedade em torno da gente. Eu me lembro que logo que voltei à redação, depois de ser libertada, encontrei um bilhete do Chico [Buarque] na porta: "Olha, passei por aqui. Se vocês precisarem podem contar comigo." Chegou uma hora que eu e a Bárbara dissemos: "Pô, todo mundo ajudando a gente, menos o Millôr! Por que ele não vem pra cá?" A gente ligava e ele, irredutível: "Não vou!" E o Chico, que nem era do *Pasquim*, botando a cara pra bater, escrevendo pra gente, deixando bilhete na porta, com o nome dele. Esse tipo de atitude deixava o Chico muito irritado. Ele sabia dos riscos que todo mundo corria, mas tinha consciência de que ele e caras como Millôr, por serem muito conhecidos, possuíam uma certa blindagem e, portanto, tinham a obrigação de se arriscarem um pouco mais. O que Millôr menos fez nessa história toda foi se arriscar. E Chico, que já não se bicava muito com ele, certamente não o perdoou por essa atitude.

Chico havia aceitado ser correspondente de *O Pasquim* em Roma muito por conta da amizade com Tarso de Castro, companheiro de copo e de farra. Em 1971, a tumultuada saída de Tarso do jornal (acusado pelos outros dois sócios, Jaguar e Sérgio Cabral, de torrar o dinheiro que entrava no caixa da empresa) e a consequente entrada de Millôr como sócio em seu lugar provocaram alterações imediatas no estilo do tabloide.

A ausência de Tarso abriu caminho para um patrulhamento ostensivo a artistas – os ataques eram direcionados especialmente aos tropicalistas Caetano Veloso e Gilberto Gil, no auge do desbunde, chamados no jornal de "baihunos", neologismo criado por Millôr, que juntava o estado natal dos artistas com o nome (hunos) dado aos invasores bárbaros. Também sobrou para Chico, afrontado ainda mais, especialmente por Millôr, já que outros integrantes da patota – Sérgio Cabral, Sérgio Augusto, Henfil – se davam muito bem com o compositor.

Chico aguentou calado – até que resolveu ir à forra, durante uma noite no Antonio's. Jaguar foi testemunha:

POLÊMICAS

A briga mais séria que ele teve, que eu saiba, foi com o Chico Buarque. Alguém perguntou pro Millôr numa entrevista o que ele achava do Chico Buarque e ele disse assim: "Eu não confiaria o meu cachorro pra passear com ele na praia." Mas aí o Millôr estava lá no Antonio's com a Cora Rónai quando chega o Chico de porre e fala: "Pô, o que que você tem contra mim?." E aí o Millôr não responde nada e o Chico foi e deu uma cusparada no Millôr. O Millôr pegou e jogou uma garrafa de Johnnie Walker, errou e quebrou ela ao meio. O Chico deu outra cusparada. Acertou. O Millôr jogou o saleiro, o serviço, todas as coisas que estavam na mesa, só faltou jogar a Cora Rónai. Errou. Aí o pessoal veio, separou e tal. Então eu contei essa história no *Pasquim* sem citar nomes: o maior humorista brasileiro e o maior compositor brasileiro brigaram e coisa e tal. Aí estou lá em Vila Isabel, aí um cara vira e diz: "Pô, que coisa chata que aconteceu entre você e o Gil." O outro chegava e dizia: "Pô, aquela briga entre o Milton Nascimento e o Ziraldo, hein?"[15]

Em 1989, entrevistado no programa *Roda Viva*, da TV Cultura, Millôr, ainda lambendo as feridas, fez uma acusação grave a Chico: "Eu não briguei com o Chico Buarque, jamais briguei com Chico Buarque. O que acontece é o seguinte, eu não gosto de falar disso porque essas coisas se refletem em fofoca, você fala uma coisa aqui e essas coisas vão reverberando. Eu não briguei, os defeitos do Chico Buarque se chocaram comigo, defeitos que eu não tenho. Se você quiser uma frase minha e quem quiser que se sinta ferido com ela: 'Eu desconfio de todo idealista que lucra com seu ideal.'"

Antes de se referir ao compositor, Millôr estava falando dos perseguidos políticos, impedidos de trabalhar durante a ditadura, que, após o processo de redemocratização, haviam recebido indenizações pagas pelo Estado. Não era o caso de Chico, que não embolsou um só tostão de governo algum, embora no seu caso fosse justo receber algum tipo de reparo econômico pelos perrengues passados com os militares.

149

Não há como acusar Chico de ter obtido lucros resultantes da repressão que sofreu. Os embates com a ditadura, envolvendo música ou dramaturgia, causaram enormes prejuízos financeiros ao compositor, que, naquele período, deixou de estrear peças financiadas do próprio bolso e de vender mais discos.

A resistência à censura fez Chico arrumar outra grande briga, que certamente também fez com que ele deixasse de ganhar dinheiro. Em 1971, os censores cismaram, para variar, com mais uma canção do compositor, "Bolsa de amores", criada em homenagem ao cantor Mário Reis. "Era uma brincadeira que eu fiz com o Mário Reis porque ele gostava muito de jogar na bolsa, tinha mania dessas coisas (...). Eles proibiram alegando que era uma ofensa à mulher brasileira."[16]

Chico tomou duas providências a partir do veto a "Bolsa de amores": criou um pseudônimo – Julinho da Adelaide – e aceitou endossar, nesse caso como Chico Buarque mesmo, um arriscado plano contra a censura federal arquitetado por Guttemberg Guarabyra, compositor e executivo da TV Globo, responsável pela direção artística do principal evento artístico da emissora, o Festival Internacional da Canção (FIC).

Assim como Chico, Guarabyra estava cansado de se submeter às imposições dos censores, que, entre outras exigências, obrigavam os participantes das eliminatórias a enviarem uma ficha e uma série de documentos a Brasília, além, claro, da íntegra da letra inscrita no festival. Um aborrecimento sem fim, que atrasava a organização do evento e impunha constrangimentos aos artistas.

O plano de Guarabyra – com a ajuda de Chico para executá-lo – era reunir doze compositores do primeiro time da música brasileira que seriam automaticamente inscritos no festival e incluídos nas semifinais, sem a necessidade de passar pelas eliminatórias e, consequentemente, pela triagem dos censores. A contrapartida interessou a Chico: cantar uma música inédita num festival de grande projeção e audiência, sem precisar submetê-la ao crivo dos milicos, era o que mais queria.

Chico juntou com facilidade um time da pesada: Tom Jobim, Vinicius de Moraes, Paulinho da Viola, Edu Lobo, Egberto Gismonti, Toquinho,

José Carlos Capinam, Ruy Guerra, Sérgio Ricardo, Marcos e Paulo Sérgio Valle. O difícil foi convencer alguns, como Ruy Guerra, calejado na luta política, de que se tratava realmente de uma boa estratégia. Para ele, os censores podiam mudar o protocolo quando bem entendessem, de acordo com seus interesses. Estar na semifinal de um festival não era garantia de absolutamente nada.

E não era mesmo. Já durante os ensaios, os censores começaram a implicar com a letra de várias canções, exigindo uma série de mudanças. Indignado e representando o colegiado de artistas, Chico anunciou a retirada dos doze compositores às vésperas do festival, junto com uma carta à imprensa explicando as razões do desligamento.

Nesse momento, entrou em ação outro diretor da TV Globo, Paulo César Ferreira, que, segundo Chico, pressionou desvairadamente os músicos a voltarem atrás da decisão, acusando-os de ligações com grupos subversivos – e o fez apontando para os compositores, convocados a depor na sede do DOPS, no Rio, com a presença do secretário de Segurança do Estado:

> A Globo, que tinha muito interesse em jogo, quis forçar a gente a participar. E isso chamando todo mundo no DOPS. O Secretário da Segurança, general [Luiz de] França [Oliveira], os compositores todos lá de pé e um diretor da Globo – um cara chamado Paulo César Ferreira – aos berros, chamando todo mundo de comunista. Apoplético, queria enquadrar todos na Lei de Segurança Nacional, queria deixar a gente preso lá. E, como não conseguiu, vingou-se proibindo a execução de músicas nossas na Globo durante um bom tempo.[17]

O veto da Globo trouxe ainda mais dificuldades econômicas para Chico, com três filhas para criar, e na época ainda contando os prejuízos com a proibição da peça *Calabar* no dia da estreia. Além disso, Marieta Severo, em solidariedade ao marido, parou de fazer novelas na emissora, o que agravou a penúria da família. Em 1976, em entrevista à revista *Veja*, cumprindo meia década de geladeira, Chico desabafou:

TROCANDO EM MIÚDOS: SEIS VEZES CHICO

> Na época em que mais precisei de dinheiro, em que a censura estava mais braba, eu todo endividado, o pessoal da Globo, ninguém em particular, apenas um porta-voz da máquina Globo de televisão, disse que eu estava proibido de aparecer em seus programas (...). Nunca ninguém se responsabilizou pela proibição, porque a Globo é prepotente (...). Chegaram a dizer que não precisavam de mim. Eu também não preciso dessa máquina desumana, alienante. Então, estamos quites.

Chico correu atrás – gravou musicais e programas de entrevistas na TV Bandeirantes, a emissora concorrente. "Quero deixar claro que não é que a Globo que é ruim e a Bandeirantes que é boa, mas o que é ruim, nocivo, brutal é o monopólio que permite a uma estação de TV tratar de forma ditatorial os técnicos, os artistas e funcionários e, em consequência, o público telespectador",[18] disse, em 1977. Três anos depois, voltou a atacar a emissora: "Ela [Globo] quer fazer valer o peso do dinheiro, que, aliás, é a filosofia dela: dinheiro compra tudo."[19]

O histórico de desentendimentos com a Globo não impediu Chico de vencer um prêmio – de melhor compositor do ano –, organizado pela emissora. Marieta Severo compareceu à cerimônia para receber o troféu no lugar do marido, mas a direção do programa se recusou a entregá-lo à atriz.

Chico encarou a atitude como mais uma retaliação da emissora contra ele e, possesso, foi até o Antonio's e arrancou o retrato de Boni (o todo-poderoso diretor-geral da TV Globo) da parede do restaurante, que mantinha uma galeria de fotos de outros frequentadores ilustres. Amigos em comum tentaram convencer Chico a devolver o retrato a Manolo, o dono do restaurante, mas já era tarde: o compositor o jogara na Lagoa Rodrigo de Freitas.

Boni, em depoimento ao autor, dá a sua versão sobre os fatos:

> Houve excessos e atitudes intempestivas dos dois lados. Paulo César, que era o representante da Globo naquela reunião do DOPS, extrapolou, cometeu um erro gravíssimo ao chamar os compositores de comunistas. Mas a saída de Chico da Globo

não ocorreu por conta do boicote dos artistas ao FIC, muito menos por razões políticas. Se fosse assim, Dias Gomes e Lauro César Muniz, comunistas históricos, não seriam dois dos principais dramaturgos da casa. Doutor Roberto [Marinho, dono da Globo] nunca cedeu à pressão dos militares para que demitisse os dois. Chico saiu porque a Shell retirou o patrocínio do seu programa. Na época, a Globo devia dinheiro à Time Life[20] e não tinha como bancar um programa sem anunciante. Chico foi infantil ao jogar o meu retrato na Lagoa Rodrigo de Freitas. A não entrega do prêmio a Marieta não foi uma retaliação da emissora a ele, que vivia falando mal da Globo nas entrevistas. Era uma regra do programa, de só entregar o troféu se o premiado comparecesse à cerimônia. Não houve veto algum ao Chico. Posso assegurar isso. É claro que houve um distanciamento, provocado muito por causa dos duros ataques de Chico à Globo – a gente responderia a esses insultos colocando música deles na nossa programação? Não faria sentido algum. Tanto que quando a coisa esfriou, voltamos a incluir canções de Chico nas nossas novelas.

"Vai levando", parceria dele com Caetano Veloso e interpretada por Tom Jobim e Miúcha, foi escolhida tema de abertura da novela *Espelho Mágico* (1977). Cinco anos depois, outra canção do compositor, "Vitrines", virou tema de novela da Globo, *Sétimo sentido* (1982). Em 1984, Chico voltou a aparecer na emissora, num quadro especial de fim de ano em homenagem a Gilberto Gil. Boni conta os bastidores dessa reaproximação:

Eu estava indo para Paris, sozinho, não me lembro exatamente a data, e Chico se sentou na cabine ao lado da minha. Ele me reconheceu e imediatamente se dirigiu a mim, de uma forma muito carinhosa: "E aí, Boni, que vinho devemos tomar?" Passamos parte do voo jogando conversa fora, falando dos restaurantes de Paris, de literatura, como se nada nunca tivesse acontecido. Depois marquei um jantar com o Chico e convidei também o [João Carlos] Magaldi [um dos mais influentes diretores da Globo]. De novo, uma conversa muito agradável. Até que um dia o Daniel Filho veio com a ideia do *Chico & Caetano*. Banquei na hora. E foi a maravilha que foi. Aprendi uma lição: com unanimidade a gente não deve brigar nunca. Eles podem tudo.

5. CENSURA — E AUTOCENSURA

Como é difícil acordar calado

A ditadura transformou Chico em outro compositor. A ingerência foi tão grande que, em determinado momento, de tanto mexer na letra das canções, ele as deixou enigmáticas. "Havia tantas metáforas e tantos meios de escapar da censura na década de 70, que, eu mesmo, quando ouço músicas que escrevi, não entendo o que eu quis dizer."[1] Logo ele, um compositor que busca a palavra certa e exata para se expressar poeticamente.

> (...) Não sou subversivo, não, porque inclusive não pretendo dizer nada por baixo. Se alguém me faz subversivo é a própria censura. Porque eu quero dizer as coisas claramente. Não quero dizer sub não. Inclusive eu acho chato que às vezes tenha que procurar uma imagem, uma metáfora, pra dizer um negócio. (...) Não há um código, eu não escrevo em código não.[2]

Chico, já não sendo um autor prolífero – quando está em fase criativa, compõe, em média, uma música por mês –, diminuiu consideravelmente o ritmo nesse longo e duro período de cerceamento. Muitas canções ficaram no meio do caminho pra ele – as que não morreram, não nasceram do jeito que ele imaginava, ou se modificaram tanto que perderam o sentido:

> Só me interessa música que vai ser gravada. Então, é claro, isso [censura] me limita uma porção de coisas, porque eu já sei que essa música como eu fiz não vai dar pé, então eu vou aproveitar o trabalho que tive com ela e vou transformá-la numa música que talvez dê pé. (...) Muitas vezes, ela perde uma porção de coisas.[3]

Além de enfrentar os seguidos períodos de infertilidade musical, algo que o acompanha desde sempre e que independe de fatores externos,

TROCANDO EM MIÚDOS: SEIS VEZES CHICO

Chico ainda teve que lidar, durante a ditadura, com uma máquina que foi crescendo de tamanho desde o golpe. O Serviço de Censura de Diversões Públicas (SCDP), vinculado à Polícia Federal, contava com apenas oito funcionários em 1964 – menos de uma década depois eles já passavam dos trezentos, todos de tesoura na mão.

Por escrever de maneira clara, sem códigos, Chico fez a alegria dos novos servidores do SCDP, ávidos por mostrar serviço. "Tamandaré", composta em 1965, entrou para a história como a primeira canção censurada do compositor – a letra tirava sarro da infeliz decisão da Casa da Moeda de "homenagear" o patrono da Marinha brasileira, almirante Tamandaré (1807-1897), um dos heróis da Guerra do Paraguai, estampando o seu rosto na irrelevante cédula de 1 cruzeiro:

> "Seu" marquês, "Seu" almirante
> Do semblante meio contrariado
> Que fazes parado
> No meio dessa nota de um cruzeiro rasgado

Os almirantes, indignados, exigiram a retirada da canção do repertório do show *Meu Refrão*, que Chico estrearia com Odete Lara e MPB-4 na boate Arpège, no Rio, em setembro de 1966. O que não adiantou muito – a música caiu rapidamente no gosto popular, tocando nas rodas de samba de casas noturnas e botecos do Rio – o comediante Ary Toledo gostou tanto que a incluiu no seu novo talkshow. Também acabou censurado.

Chico decidiu ir até a redação do *Jornal do Brasil* protestar contra a decisão do SCDP. Deixou claro que "Tamandaré", a história de um Zé qualquer, sem samba, sem dinheiro, não ofendia ninguém. E que a Marinha deveria questionar, isso sim, os critérios adotados pela direção da Casa da Moeda, a grande responsável pela desfeita ao ilustre militar. "Ofensivo ao almirante é sua efígie na insignificante nota de um cruzeiro."[4]

O compositor ainda prometeu, em tom de brincadeira, iniciar uma campanha para o semblante do almirante migrar da nota de 1 cruzeiro para a de 20 cruzeiros – em troca da liberação da canção. Os militares não acharam graça. Não só mantiveram o veto, como mandaram recolher seis mil cópias da gravação da música, interpretada por Odete Lara no compacto lançado pela gravadora Elenco. Os (desiguais) embates com a censura estavam só começando.

A barra pesou, sobretudo após a decretação do AI-5, em dezembro de 1968, mas Chico não se intimidou. Não por heroísmo, mas por estar convicto de que ele e outros artistas de sua geração, crias dos midiáticos festivais de música, corriam menos riscos, se comparados a quem não tinha a mesma projeção. Por isso, ele se sentia no dever de não recuar, de ser mais contundente sempre quando achasse necessário:

> (...) Nunca tirei da cabeça o fato de que a minha popularidade era meu guarda-costas (...). Enfrentei grosseria, mas sempre tive a garantia que não iam me tocar. Normalmente ia com essa certeza e com uma obrigação: já que tenho essa cobertura, posso ir mais longe que outras pessoas (...). Não havia nenhum sentimento heroico nisso e isso é até uma ofensa diante de tanta gente que apanhou tanto, que morreu.[5]

A disposição para o confronto não fez de Chico um cantor de protesto. Primeiro, porque naquele momento significaria perda de tempo e de energia – e com risco de prisão. Os censores, que enxergavam fantasmas até em singelas canções de amor, não deixariam passar nada tão explícito. E, além do mais, seria difícil compor daquela maneira:

> Minhas músicas não são feitas com nenhuma intenção. São feitas mais com intuição, com emoção, com estalos assim, e o que elas têm de elaborado é só a parte formal. Mesmo quando elas abordam temas sociais. Acho que canção de protesto, canção definida e dirigida politicamente, ou ideologicamente, acho que não há condições pra se fazer uma canção assim, no Brasil, no momento [em 1976]. Não passa (...). Então, eu não sou um cantor de protesto. Pode dizer que eu sou um cantor do cotidiano. Um cantor de resmungo. E uma pessoa de protesto.[6]

TROCANDO EM MIÚDOS: SEIS VEZES CHICO

Uma das mais emblemáticas letras do compositor contra a ditadura, "Apesar de você" (1970), enganou o primeiro censor a ouvi-la, como torcia Chico, meio descrente com a possibilidade. O sujeito achou que se tratava de mais uma canção sobre dor de cotovelo, uma instituição da música brasileira, e a liberou.

Gravada num compacto junto com "Desalento", "Apesar de você" não demorou a virar um sucesso nas rádios e ganhou status de hino quando parte da imprensa passou a dizer que a canção era endereçada ao então presidente Emílio Garrastazu Médici, o mais truculento dos generais da ditadura. A censura finalmente vetou a canção e mandou recolher o disco das lojas, mas este já havia ultrapassado a marca de cem mil cópias vendidas.

Cheios de ódio, os militares fecharam a fábrica da Phillips, no Alto da Boavista, no Rio, depois de quebrar todos os compactos com o nome de Chico na capa. Só não conseguiram achar a matriz de "Apesar de você", muito bem guardada pelo produtor da gravadora, Manoel Barenbein.

Chamado a depor no Dops, Chico negou que a canção havia sido composta para o presidente Médici. E não fora mesmo – era uma crítica à situação do país, à ditadura como um todo. Mas ele disse outra coisa aos milicos. "Esse 'você' da letra é uma mulher muito mandona, muito autoritária, uma ex-namorada minha justificou."[7] Não colou.

Após as confusões e reviravoltas causadas por "Apesar de você", as novas canções de Chico passaram a ser minuciosamente examinadas. Aos olhos dos pudicos servidores do SCDP, tudo parecia impróprio, como a expressão "nos teus pelos" de "Atrás da porta", de 1972, trocada por "no teu peito", e o verso "de cama, de cana, fulana, sacana" de "Ana de Amsterdam", do mesmo ano, substituído por "de cama, de cana, fulana, bacana".

O compositor defendeu-se, criando armadilhas para os censores, como a artimanha de encher as canções de palavrões, na esperança de que, ocupados em tirá-los, eles simplesmente se esquecessem do resto. Nem sempre dava certo. Tratando-se de Chico Buarque de Hollanda, todas as suas criações eram consideradas suspeitas e analisadas com o máximo rigor.

Responsável por tratar diretamente com os censores a liberação das canções dos artistas da gravadora Phillips, o advogado João Carlos Müller trazia péssimas notícias a cada vez que voltava de Brasília. Uma vez, porém,

CENSURA — E AUTOCENSURA

conseguiu a liberação sem cortes de uma canção gravada por Chico – que em tese tinha tudo para ser retalhada de cima a baixo –, graças à intervenção do então chefe da Casa Militar do governo Médici (e futuro presidente do Brasil), João Baptista Figueiredo.

Na canção "Gesù bambino", composta em 1943 por Lucio Dalla e Paola Pallottino, o tema são as mães adolescentes retratadas pelos filhos, gerados do relacionamento com soldados estrangeiros, mortos durante a Segunda Guerra Mundial. Na versão, Chico adaptou a letra para narrar a história de um menino, também chamado Jesus, fruto do acasalamento entre uma prostituta do cais e um marinheiro.

"Menino Jesus" foi vetada imediatamente pelos censores, para quem a letra significava uma afronta a Jesus Cristo e aos ideais católicos – o que não surpreendeu Chico. O compositor chegou a mudar o título para "Minha história", mas se recusou a alterar a letra, que seguiu proibida.

Até que João Carlos Müller colocou em ação um engenhoso plano, bolado numa das viagens do advogado a Brasília. Durante um almoço com empresários locais, Müller descobriu que Figueiredo andava se achando o novo Lamartine Babo, após dar letra a uma marchinha composta pela banda do III Exército.

De volta ao Rio, o advogado contou sua ideia a Chico. O compositor achou graça, mas não se opôs ao plano. Uma semana depois, Müller levou a Brasília uma fita cassete para registrar a marchinha e prometeu ao general incluí-la num disco de carnaval da gravadora. Horas depois da audiência no Palácio do Planalto, a canção "Minha história" foi liberada, sem cortes, pelo departamento de censura.

O cancioneiro brasileiro desconheceu Figueiredo como letrista de marchinha – e Chico continuou sendo um dos autores mais perseguidos pela censura. Em novembro de 1973, os militares impediram a estreia da peça *Calabar: o elogio da traição*, escrita por Chico e Ruy Guerra e dirigida por Fernando Peixoto, com Dori Caymmi na direção musical e a atriz Betty Faria no elenco.

Um duro golpe para todos os envolvidos, sobretudo para a dupla de autores e o produtor, o ator Fernando Torres, que haviam financiado do próprio bolso a montagem – cada um colocou 210 mil cruzeiros na produção (cerca de 30 mil dólares na época). Um investimento que certamente daria retorno: as quatro primeiras sessões no Teatro João Caetano, no Rio, já estavam esgotadas.

Fernando Torres recuperou parte do prejuízo encenando outra peça. "Perdemos muita grana com a proibição. O que nos salvou foi uma montagem de *O amante de madame Vidal*, cujo sucesso pagou as nossas dívidas."[8] Chico também correu atrás – parte do cenário de *Calabar* foi aproveitada no show *Tempo e contratempo*, no Teatro Casagrande –, mas em outro trabalho esbarrou no problema de sempre, o preço de ser quem era:

> Me lembro que ia pegar um negócio, um negócio que até não era uma coisa boa. Era um disquinho que uma companhia de aviação queria distribuir entre seus clientes. Não era um jingle. Eu ia fazer a tradução de umas músicas americanas, se não me engano. Ia fazer aquilo para ganhar uma graninha. Mas quando o presidente da tal companhia soube que era eu disse não, que de maneira nenhuma. Deu um pulo: "Isso pode criar problemas com a Aeronáutica."[9]

Os prejuízos foram enormes. "Vendi o terreno de Petrópolis, hipotequei o apartamento em que morava, meus únicos bens na época. Então, faturo? Sou rico? Na verdade, nunca vi artista enriquecer no Brasil através de sua arte. Enriquece quando aplica bem, especula por fora. E eu sou mau investidor, não tenho jeito para negócios."[10]

Mesmo com todos os problemas e impedimentos, Chico tomou a decisão de continuar criando – como um ato político, de resistência. Após *Calabar*, a saída foi criar um pseudônimo. Protegido pelo anonimato, Júlio César Botelho de Oliveira, o Julinho da Adelaide, deitou e rolou sobre a censura, que deixou passar, sem qualquer restrição, três canções do obscuro compositor – três porradas contra a ditadura: "Acorda, amor", "Milagre brasileiro" e "Jorge maravilha".

"Acorda, amor" fazia referência aos perseguidos e mortos pela repressão: "Acorda, amor / Que o bicho é brabo e não sossega / Se **você** corre o bicho pega / Se você fica não sei não". Já "Milagre brasileiro", uma crítica direta às ilusões criadas pelo "milagre econômico", como ficou conhecido o período de crescimento acelerado do PIB durante a ditadura de Médici, que resultou em aumento da inflação e da dívida externa nas décadas seguintes: "É o milagre brasileiro / Quanto mais trabalho / Menos vejo dinheiro."

Assim como "Apesar de você", muita gente achou que "Jorge Maravilha" fazia menção direta a um chefe de Estado, no caso Ernesto Geisel. Tudo por causa do verso "Você não gosta de mim / Mas sua filha gosta". A única filha de Geisel, Amália Lucy, era, de fato, fã de Chico – tanto que ousou tocar canções do artista no dia da posse do pai. Mas quando fez a música, o autor não pensava exatamente no presidente da República.

> O problema é que quando a versão é mais interessante do que o fato, não adianta você querer desmentir. Aquela música falava de uma situação que eu vivi muito: os caras do DOPS iam me prender e, enquanto me levavam para depor, pediam para eu autografar discos para as filhas, que gostavam de mim.[11]

Desmascarado em 1975, após uma reportagem sobre censura publicada pelo *Jornal do Brasil* (a partir daí o departamento de censura começou a exigir cópias do RG e do CPF dos compositores), Chico admitiu ter criado o heterônimo Julinho da Adelaide porque aquele momento do país permitia essa gozação.

> Quando eu inventei o Julinho da Adelaide, o clima já estava um pouquinho mais brando. Há que se distinguir um pouco a época do Médici da época do Geisel. Era ditadura sim, a tortura continuava (...), mas a gente já se sentia um pouquinho menos sufocado do que no tempo do Médici. Para que eu criasse o Julinho da Adelaide, para brincar com isso, certamente já havia um clima menos sufocante do que antes. No começo dos anos 70, não havia graça nenhuma.[12]

165

TROCANDO EM MIÚDOS: SEIS VEZES CHICO

Chico continuou sendo, mesmo em tempos de "distensão lenta e gradual", um dos autores mais perseguidos pela ditadura. Em "Flor da idade" os censores se escandalizaram com a ciranda amorosa descrita na parte final da letra, uma referência ao poema "Quadrilha", de Carlos Drummond de Andrade. Ainda mais imoral do que Dora amar Lia e Lia amar Léa, era o Paulo amar outro macho, o Carlos.

Impedido de cantá-la, Chico preparou a sua defesa, expressa na carta enviada ao advogado João Carlos Müller:

> Um pequeno esclarecimento sobre a minha canção "Flor da idade" talvez lhe seja útil junto à Censura. Como sabemos, a interdição da música se deve ao seu trecho final, o da quadrilha (...). Parafraseando o poeta, troquei os nomes das personagens sem me preocupar com a formação de casais menino/menina, pois não se tratava de namoro, mas de uma cena de confraternização geral, uma festa ingênua numa vila de subúrbio carioca. Portanto, jamais imaginei que se pudesse encontrar referências a homossexualismo ou incesto (Pedro amava a filha) naqueles versos. Como também não vejo nenhuma conotação sexual na quadrilha de Drummond. Indo mais longe, consultei o completíssimo dicionário Caldas Aulete, onde o verbete "amar" (14 linhas) não traz qualquer alusão a sexo (há sexo em "fazer amor", mas nem "fazer amor" existe de fato em nosso idioma; é galicismo). No Caldas Aulete vemos "amar" como "sentir amor ou ternura por ter afeição, dedicação, devoção, ou querer bem a: Amar os filhos. Amar a pátria. Amar a Deus etc. Como eu amo particularmente esta canção, amaria que você tentasse mais uma vez sua liberação. Um abraço.

Diante dos convincentes argumentos, "Flor da idade" acabou aprovada. "Sugerimos a liberação da letra, por entendermos não existir na mesma a mínima conotação com o incesto, o homossexualismo ou qualquer outra incidência contra a moral e os bons costumes", escreveu o censor Tabajara Ramos, no documento assinado no dia 2 de julho de 1975. Chico não co-

CENSURA — E AUTOCENSURA

memorou: "Enquanto persistir a mentalidade segundo a qual arte e cultura são coisas de pederastas, drogados ou vagabundos, não haverá jeito."[13]

Não houve paz nem mesmo no governo Figueiredo, o presidente responsável por concluir a reabertura política. A barra já não estava tão pesada, mas muita gente – traumatizada – ainda se comportava como se estivesse em pleno AI-5. Tanto que, ao compor a letra para a música-título do filme *Bye bye Brasil* (1979), de Cacá Diegues, Chico foi aconselhado pelo diretor a tirar o verso "tem um japonês trás de mim".

Os militares, argumentou Cacá, sempre no pé do compositor, podiam muito bem achar que o verso fazia alusão ao presidente da Petrobras do governo Figueiredo, Shigeaki Ueki, filho de japoneses. Chico manteve o verso, mas não achou Cacá tão paranoico assim. Afinal, anos antes, ele soubera que um censor, ao ouvir "Cálice" (1973), teve quase a certeza de que o trecho "de muito gorda a porca já não anda" era uma referência direta ao rotundo ministro da Fazenda do governo Médici, Delfim Netto.

Em fevereiro de 1986, seis meses após o então ministro da Justiça Fernando Lyra declarar, em cerimônia com a presença de dezenas de artistas (entre eles Chico), "morta a censura no Brasil", seu chefe, o presidente José Sarney, pressionado por setores da Igreja Católica, recorreu à legislação dos tempos de ditadura militar para proibir a exibição nas salas brasileiras do filme *Je Vous Salue, Marie*, dirigido pelo diretor franco-suíço Jean-Luc Godard.

O longa de Godard narra a história de uma estudante do século XX que engravida sem ter feito sexo – uma referência a Maria, mãe de Jesus –, um filme feminista e questionador, que provocou a revolta de líderes católicos no mundo inteiro. O papa João Paulo II se posicionou contra a exibição do filme. Também a Conferência Nacional dos Bispos do Brasil (CNBB), que condenou o cineasta por "afrontar temas fundamentais da fé cristã, deturpando e vilipendiando a figura sagrada da Virgem Maria".

Roberto Carlos, o mais carola dos cantores brasileiros, não gostou de ver cenas de nudez associadas à mãe de Jesus e enviou um telegrama a Sarney, solidarizando-se com o veto do governo: "*Je Vous Salue, Marie* não é obra de arte ou expressão cultural que mereça a liberdade de atingir a tradição religiosa de nosso povo e o sentimento cristão da Humanidade. Deus abençoe Vossa Excelência. Roberto Carlos Braga."[14]

Em seguida ao posicionamento de Roberto, Chico organizou a assinatura de um manifesto solicitando que Sarney não proibisse a exibição de *Je Vous Salue, Marie,* porque a censura "contraria o compromisso assumido pela Nova República de respeitar a liberdade de criação artística". O presidente manteve a restrição. No Carnaval do ano seguinte, o bloco de rua Pacotão, de Brasília, lançou a divertida marchinha *"Je vous salue*, Marly", uma alusão direta à Dona Marly, esposa do presidente.

Ainda em 1986, Coriolano Loyola Fagundes, diretor da Divisão de Censura de Diversões Públicas, responsável pela assinatura do veto ao filme de Godard, a quem chamou de "pervertido", indignou-se novamente, dessa vez com um trecho do primeiro programa *Chico & Caetano*, musical da TV Globo apresentado pelos dois artistas.

Nas imagens, Chico, Caetano Veloso, Maria Bethânia e Rita Lee interpretam a inédita canção "Merda", de autoria de Caetano, composta para a peça *Miss Banana*. Tratava-se de uma referência à palavra muito usada por artistas de teatro, espécie de voto de boa sorte no dia da estreia. Para Fagundes, merda era merda, um palavrão repugnante, inaceitável, ainda mais pronunciado na televisão, em horário nobre. E, pior, repetido quinze vezes no final da canção.

Professor da Academia Nacional de Polícia, responsável por ministrar cursos de "técnicas da censura", Fagundes trabalhava no departamento desde 1961. Para ele, que já havia vetado diversas canções de Chico, a música brasileira tinha a obrigação de ser um "manancial de educação popular" e não "um instrumento de deseducação das massas". Seu livro *Censura e liberdade de expressão* (1974) se tornara a bíblia dos funcionários da Censura, treinados para detectar toda e qualquer forma de depravação dos costumes:

> O técnico da censura, ao apreciar as letras das canções, deve atentar para a correção da linguagem, a propriedade e adequabilidade dos termos e expressões utilizados, prevenir-se

contra cacófatos ou utilização de palavras obscenas, vulgares e a possibilidade de, no ato da interpretação, obterem-se efeitos vocálicos que, com conotação excessivamente maliciosa, resultem em sons ou gemidos imorais.

Os imorais sons e gemidos de Chico, Caetano, Bethânia e Rita cantando "Merda" não foram ouvidos na televisão. Assim que terminou de assistir ao programa, Fagundes enviou um relatório, junto com uma fita da gravação, para o secretário-geral do Ministério da Justiça, Honório Severo. No mesmo dia, a TV Globo recebeu a notificação – estava proibida de exibir esse trecho no musical *Chico & Caetano*.

Assim como no veto ao filme de Godard, a censura à canção "Merda" repercutiu nos cadernos culturais dos principais jornais brasileiros. Para surpresa de muitos, o economista Celso Furtado, ministro da Cultura e um dos intelectuais mais destacados do país, se posicionou a favor da proibição. "É ingenuidade imaginar que um país, por mais democrático que seja, não tenha uma forma qualquer de censura. (...) A censura tem seu papel, como proibir, por exemplo, a exibição de um filme que pregue o uso de drogas."[15]

O depoimento de Furtado enfureceu Caetano, autor da canção, que chegou a xingar o ministro de "asno".[16] O economista rebateu: "Eu confesso que não sei qual o significado que ele empresta às palavras (...). Caetano achava que a palavra merda é bonita. Eu acho que é feia. Eu não digo palavras grossas e chulas."[17] Chico, próximo de Furtado, amigo de longa data da família Buarque, foi mais comedido: "Só posso dizer que acho triste esse retrocesso."[18]

A censura só seria extinta, para valer, após a Constituição de 1988 daí em diante, se Chico deixou de cantar uma música foi exclusivamente por vontade sua e não mais dos outros. É o caso de "Com açúcar, com afeto", a canção que ele compôs após um pedido de Nara Leão – ela queria uma letra que expressasse uma posição feminina, narrada por uma mulher que sofre com a espera do marido.

Nara explicou que essa dona de casa idealizada por ela deveria pelo menos ter consciência de suas privações e não aceitar placidamente o papel de submissa como a Amélia de Mário Lago e Ataulfo Alves, autores do samba "Ai! Que saudade da Amélia", lançado em 1942. Amélia, a mulher que não tinha a menor vaidade e que, se preciso, passava até fome ao lado do marido, virou exemplo de resignação.

Chico ouviu as ponderações de Nara e compôs, em 1966, a primeira de muitas canções em que a mulher assume a narrativa na primeira pessoa:

> Com açúcar, com afeto, fiz seu doce predileto
> Pra você parar em casa, qual o quê
> Com seu terno mais bonito, você sai, não acredito
> Quando diz que não se atrasa
> Você diz que é um operário, sai em busca do salário
> Pra poder me sustentar, qual o quê
> No caminho da oficina, há um bar em cada esquina
> Pra você comemorar, sei lá o quê

Mas quando chegou o momento de o próprio autor interpretar "Com açúcar, com afeto", no disco "Chico Buarque de Hollanda – Volume 2", ele simplesmente se recusou a cantá-la, passando a tarefa para a cantora Jane Morais, do grupo Os Três Morais. Na contracapa do LP, Chico justificou a decisão: "Insisti ainda em colocar no disco o 'Com açúcar, com afeto', que eu não poderia cantar por motivos óbvios. O problema foi solucionado com rara felicidade pela voz tristonha e afinadíssima de Jane."

Nara decepcionou-se com a atitude do amigo – se até para um cara sensível e inteligente como Chico era inconcebível cantar uma música narrada por uma mulher, o mundo estava mesmo perdido. Tempos depois, Chico reviu sua posição:

> Eu fui evoluindo. Quando precisei explicar na capa de um LP por que não cantava "Com açúcar, com afeto", eu era um sujeito machista, no sentido de não assumir, de ter medo de ser chamado de bicha. Hoje não tenho mais esse medo, se me chamarem de bicha não tem a menor importância. A minha

CENSURA — E AUTOCENSURA

insegurança daquele tempo foi sendo aos poucos superada. Eu não sou um cara machista, acho que não sou. Isso você tem que perguntar para a minha mulher. Não vou dizer que tenha perdido todos os sintomas dessa doença, não seria verdade. Posso até agir mal nesse terreno, mas tenho consciência de estar agindo errado.[19]

Chico ficou próximo de interpretar pela primeira vez "Com açúcar, com afeto" no show em dupla com Caetano no Teatro Castro Alves, em 1972 – esse era o desejo do cantor baiano que, assim como Nara, também achava aquele preconceito uma grande bobagem. "Fiquei danado porque não gravou",[20] reclamou, na época, Caetano. Chico avisou que tinha algo melhor na manga, que havia preparado exclusivamente para o show em Salvador: a história de um amor entre duas mulheres – e assim, juntos, abraçados no palco, os dois soltaram a franga na inédita "Bárbara":

> Bárbara, Bárbara
> Nunca é tarde, nunca é demais
> Onde estou, onde estás
> Meu amor, vem me buscar

A partir daí, com outras marcantes canções em que o eu lírico é uma mulher, Chico entraria para a história como o primeiro a expor os desejos e anseios femininos de uma forma que nenhum outro compositor havia conseguido até então. Por isso mesmo, é de se estranhar que ele tenha decidido, em 2022, não cantar mais "Com açúcar, com afeto", uma das muitas canções de sua autoria tachadas de misóginas por um movimento identitário.

Surpreende não apenas o fato de que o compositor, até então indiferente a patrulhas, se deixe levar por esse tipo de questionamento, mas também porque a canção critica claramente o machismo, ao escancarar uma realidade da sociedade brasileira – como ele próprio havia deixado claro em entrevista anos antes:

171

Não sou contra o feminismo, mas acho que de vez em quando elas falam um montão de bobagens (...). Há muito tempo, quando não existia o movimento feminista, talvez seja uma das coisas comigo que me lembro mais em São Paulo, houve quem fez pregações nos bares da moda contra "Com açúcar, com afeto", dizendo que eu colocava a mulher como sendo uma submissa. Eu respondo: realmente a mulher é submissa, é isso tudo, o machismo existe e se eu disser que não existe estou sendo machista, porque estou querendo escamotear uma realidade.[21]

Chico enfrentou julgamento parecido quando compôs "Mulheres de Atenas" (1976), uma de suas mais belas canções, que, por ser ainda mais irônica, uma contundente crítica ao machismo estrutural, ele esperava que não fosse interpretada exatamente de forma contrária – mas foi. Em entrevista ao programa *Canal Livre*, da TV Bandeirantes, em 1980, Chico demonstrou toda sua irritação:

Algumas feministas disseram que era uma música machista. Isso é uma coisa que me choca, que me ofende um pouquinho (...). Se a pessoa ouvir duas vezes, ela vai entender (...). A gente não pode também ficar subestimando a capacidade de compreensão das pessoas e, por causa disso, ficar fazendo feijão com arroz (...). A gente não pode deixar de fazer música por causa disso, porque vai ser outra censura.

A atriz Silvia Buarque, em depoimento ao autor, discorda que o pai tenha tomado a decisão de não interpretar "Com açúcar, com afeto" no calor das cobranças e cancelamentos propostos pelo movimento identitário. Segundo a sua primogênita, Chico tornou-se apenas mais cuidadoso, mais atento e suscetível às pautas contemporâneas, sobretudo as que envolvem questões referentes à mulher. "Ele ouviu algumas mulheres. Ele não é refém das patrulhas, tanto que continuou cantando 'Tua cantiga', que também foi acusada de machismo."

CENSURA — E AUTOCENSURA

Silvia refere-se à canção gravada por Chico e que abre o disco *Caravanas*, de 2017, tida como machista, principalmente no verso que diz: "Quando teu coração suplicar / Ou quando teu capricho exigir / Largo mulher e filhos / E de joelhos vou te seguir." Muitas mulheres acusaram o compositor de alardear uma prática comum em países como o Brasil: o abandono paterno.

De acordo com levantamentos feitos pelo Instituto Brasileiro de Geografia e Estatística (IBGE), a quantidade de mulheres responsáveis por bancar os domicílios brasileiros cresce a cada ano. Em 2021, esse número chegava a 34 milhões. Ou seja, quase metade dos lares brasileiros são sustentados por mulheres.

Julgado no tribunal das redes sociais, Chico reagiu. Num raro momento de interação com os internautas, o compositor irritou-se com as críticas à "Tua Cantiga". "Será que é machismo um homem largar a família para ficar com a amante? Pelo contrário. Machismo é ficar com a família e a amante", escreveu Chico, em texto postado na sua página oficial do Facebook, no dia 20 de agosto de 2017.

O fato é que Chico foi criado de maneira machista pela mãe, Maria Amélia, que era quem dava as ordens em casa – os filhos homens, adolescentes, já podiam ter a chave de casa, chegar na hora que bem entendessem; Miúcha, a primogênita, maior de idade, não. Aliás, na casa dos Buarque, no Pacaembu, podia-se cantar de tudo, sem filtro algum, como lembra Ana de Hollanda, em depoimento ao autor:

> Mamãe adorava cantar músicas de homens que batem em mulher. Cantava na maior naturalidade. A gente também, fazia coro junto com ela, mais por gozação mesmo. Eram outros tempos. Ninguém tinha essa preocupação de ficar analisando o teor das letras antes de cantá-las. E eram os compositores que a gente amava, admirava. Estou falando de Lupicínio Rodrigues, de Ismael Silva, de Cartola. Mamãe tinha paixão por aquele samba-enredo da Portela ["Lá vem ela chorando", o primeiro da história da escola de samba, de Benedicto Lacerda e Ernani Alvarenga, 1932], ficava cantarolando pela casa: "Lá vem ela

chorando / O que ela quer? Pancada não é, já sei / Mulher da orgia quando começar a chorar, quer dinheiro. Dinheiro não há." Acho difícil que Chico tenha se deixado contaminar por esse tipo de coisa. Sim, teve uma educação supermachista, mas, mesmo assim, compôs dezenas de canções maravilhosas valorizando e enaltecendo a figura da mulher empoderada. O que dizer de "Olhos nos olhos", por exemplo? "Olhos nos olhos, quero ver o que você diz / Quero ver como suporta me ver tão feliz." É maravilhoso. E foi escrita pelo filho da Maria Amélia.

E o que dizer de "Sob medida" ("Eu sou cria da sua costela/ sou bandida/ sou solta na vida"); de "Mil perdões" ("Te perdoo / Te perdoo porque choras / Quando eu choro de rir / Te perdoo / Por te trair"); de "Tira as mãos de mim" ("Tira as mãos de mim / Põe as mãos em mim / E vê se a febre dele / Guardada em mim / Te contagia um pouco"); de "Folhetim" ("Mas na manhã seguinte / Não conta até vinte / Te afaste de mim / Pois já não vales nada, és página virada / Descartada do meu folhetim")?

Como bem lembrou a cantora Joyce, em depoimento para o livro *História sexual da MPB*, de Rodrigo Faour:

> Todas as letras escritas por mulher são de um planeta completamente diferente das dos homens. Mesmo quando eles escrevem como mulher (...). Vejo isso, por exemplo, com meu parceiro Paulo César Pinheiro, que às vezes me manda letras de teor feminino. São letras lindas, mas pra quem ouve está na cara que foi um homem que escreveu (...). Talvez a única exceção seja Chico, que tem um encosto de pomba-gira que lhe baixa de vez em quando.

6. FUTEBOL

Numa estrada de pó e esperança

Toda vez que alguém puxava uma conversa sobre futebol, Sérgio Buarque de Holanda tratava logo de dizer que torcia para o Bonsucesso, clube pequeno do Rio – o jeito encontrado pelo historiador de encerrar o assunto sobre um tema que pouco lhe interessava. Nem sempre dava certo, ainda mais se estivesse na companhia da esposa, Maria Amélia, que, de tão apaixonada pelo Fluminense, havia conseguido a proeza de evitar que os sete filhos torcessem para o Flamengo, o time mais popular do país.

Apenas Álvaro, o terceiro da prole, "o revoltado da família", segundo a matriarca, se tornou Botafogo. Maria do Carmo, a Pií, também não seguiu a preferência da mãe, mas, pelo menos, decidiu torcer para o América, que não incomodava ninguém – assim como o Bonsucesso do pai. Entre o nascimento de Álvaro e Pií, para consolo de Maria Amélia, veio ao mundo um dos mais ilustres tricolores da história, amante incondicional do futebol bem jogado, ou seja, para frente: Chico Buarque de Hollanda.

No colo da mãe, durante as férias no Rio, Chico assistiu a muitos jogos do histórico Fluminense de Castilho, Píndaro e Pinheiro, a chamada Santíssima Trindade Tricolor, campeão da Copa Rio de 1952, equivalente, na época, a um torneio mundial de clubes, até hoje não reconhecido pela FIFA – injustiça que deixa indignados os torcedores mais fanáticos. Maria Amélia estava entre eles.

Chico, talvez o menos resultadista entre os famosos entusiastas do tricolor das Laranjeiras, dava pouca ou nenhuma importância para pendengas como essa. As vitórias e os títulos importavam desde que fossem conquistados do único jeito apreciado por ele: o jogar em direção ao gol adversário, se possível o tempo todo. O menino Chico não se encantou por muito tempo com o Fluminense tão querido pela mãe. Nem tinha como: os três maiores ídolos daquele time, Castilho, Píndaro e Pinheiro, jogavam na defesa.

Diferentemente de outro trio, o PPP (Pagão, Pelé e Pepe), este formado só por atacantes, fazedores de gols. Com ele, o Santos seria bicampeão pau-

TROCANDO EM MIÚDOS: SEIS VEZES CHICO

lista de 1956. O adolescente Chico não deixou de torcer para o Fluminense, mas foi assistindo aos jogos do Santos no estádio do Pacaembu, durante a infância e adolescência vividas em São Paulo, que ele passou a ver o futebol a partir de uma régua própria, inegociável, que vale para qualquer time, sendo o do coração ou não.

> Eu morava em São Paulo. Tive meus ídolos do Fluminense desde 1949 e adorava o Castilho. No princípio queria ser goleiro. Aos 12 anos, já moleque peladeiro, mudei de ídolo, e queria ser Pagão. Todo jogo ia vê-lo.[1]

No meio da década de 1970, o Santos não contava mais com Pagão, Pelé e Pepe, mas, em compensação, o Fluminense passou a ter Carlos Alberto Torres e Rivellino, dois dos melhores craques da história do futebol brasileiro. Chico viu seguidos jogos da Máquina Tricolor no Maracanã, até perder de vez a vontade de frequentar o estádio, no começo dos anos 1980, frustrado com a falta de ambição ofensiva do time e com o excesso de carolice dos torcedores.

Na final do primeiro turno do Campeonato Carioca de 1980, disputada dias após a visita do papa João Paulo II ao Brasil, o Fluminense sofreu para empatar o jogo com o Vasco e levar a decisão para os pênaltis. O goleiro tricolor defendeu duas cobranças, enquanto a torcida do seu time entoava "A Bênção, João de Deus", canto composto exclusivamente para a vinda do pontífice ao país – desde então, a música virou uma tradição nos jogos do time, sobretudo quando o gol do Flu demora a sair.

A profissão de fé de Chico é outra. "Sou tricolor e vou ser a vida inteira, mas não me identifico com a torcida do Fluminense. Até hoje não consigo entender por que cantam aquela música da 'Bênção, João de Deus'. Eu ouvia cantar aquilo, morria de vergonha. Deixei de ir ao Maracanã. Além do mais, gosto do futebol ofensivo, o que foge à tradição do Fluminense."[2]

O torcedor do Pacaembu e do Maracanã ficou para trás. A verdade é que Chico gosta muito mais de jogar futebol do que assistir ou conversar sobre. "Jogar bola é isso, você volta a ser aquele cachorro que no fundo você é.

FUTEBOL

Existe uma certa mania de intelectualizar o futebol, mas eu acho isso uma bobagem, não consigo falar mais de dois minutos sobre futebol (...). Jogo bola para não pensar em absolutamente nada."[3]

Durante a infância e parte da adolescência, Chico acreditou seriamente na possibilidade de se tornar jogador de futebol profissional, mesmo que seu campo de atuação se limitasse às estreitas e íngremes ruas dos bairros onde morou em São Paulo. Ele dizia ter feito fama como goleador do time da Rua Taiarana (atual Rua Vitório Fasano), principal rival do escrete da Rua Sarandi, ambas na região dos Jardins. Com exceção dos amigos do bairro e os próprios jogadores, ninguém mais o viu jogar nessa época – o que tornava naturalmente difícil atestar se ele tinha, de fato, talento pra coisa, ou se tudo não passava de mais um devaneio típico de garotos de sua idade.

Era mesmo difícil de saber. Chico não jogava na praia durante as férias do Rio, tampouco nos tradicionais campos de várzea paulistanos. "Quando eu vinha ao Rio jogava um pouco na praia, mas nunca me dei bem com futebol na areia, não estava acostumado. Mas jogava futebol na rua mesmo, de parar quando vinha carro (...). E era assim: quando vinha um carro lá em cima o pessoal gritava: 'Olha a morte!' Parava o jogo, passava a morte, e continuava depois. O futebol que eu jogava era praticamente só esse."[4]

Convencido de seu talento, Chico escolheu o caminho mais fácil: um teste num clube pequeno de São Paulo, evitando as disputadíssimas peneiras organizadas por Corinthians, Palmeiras, São Paulo e Portuguesa de Desportos. "Eu achava que, num time mais fraco, eu teria uma vaga na certa."[5] E assim ele foi parar no Juventus da Mooca, com a certeza de que o modesto time da zona leste paulistana serviria como trampolim para uma carreira grandiosa.

Nada saiu como ele havia imaginado. Chico ficou horas sentado na arquibancada, esperando ser chamado para entrar em campo. "Comecei a perceber que não ia dar para mim. Depois de esperar, esperar e esperar fui embora. Não cheguei nem a ser chamado para fazer o teste, porque acharam que eu não tinha físico para ser jogador. (...) Passou o tempo todo e ele mandou eu voltar outro dia. Eu não voltei. Não cheguei a colocar à prova o meu talento."[6]

TROCANDO EM MIÚDOS: SEIS VEZES CHICO

O talento para a música, esse jamais questionado, sepultou o sonho de criança, mas não o peladeiro. No autoexílio em Roma, Chico chegou a jogar num time semiamador da cidade, recebendo até uma ajuda de custo da direção do clube, agradecida pelo desempenho do meio-campista ofensivo – um isolado momento de reconhecimento técnico e financeiro da efêmera carreira futebolística.

Durante as viagens internacionais, principalmente em cidades onde a possibilidade de ser reconhecido era próxima de zero, Chico, famoso por inventar histórias – sobre si mesmo e sobre os outros –, gostava de definir-se como um jogador profissional de sucesso, com passagens em grandes clubes e com fama de goleador, uma mistura (quanto mais lhe davam corda, mais detalhes ele acrescentava à lorota) de Pelé e Canhoteiro, com toques de Pagão.

> A última vez que eu falei que era jogador de futebol no Brasil foi no táxi em Marrocos. Aí o motorista olhou para minha cara e disse: "Ex-jogador, né?" Mas eu menti bastante. Falei até que tinha ido para a Copa de 82. Só que o cara sabia todos os jogadores. Aí eu falei: "Não, eu fiquei no banco, estava machucado. Eu era reserva do Sócrates."[7]

O que Chico poderia contar, com orgulho e sem parecer um bravateiro, é que em Roma ele serviu de cicerone para ninguém menos do que Garrincha, também encarando um autoexílio na capital italiana. O ídolo botafoguense e a esposa, a cantora Elza Soares, estavam sendo perseguidos politicamente – agentes da ditadura militar chegaram a metralhar a residência do casal, no Rio. No documentário *Elza Soares: O gingado da nêga* (2013), a cantora relata:

> Nós fomos expulsos do Brasil. Nós não fomos pra Itália, a gente foi obrigado a ir pra Itália. Quando cheguei em Roma, no dia seguinte já sabia que não tinha mais casa, que meus filhos estavam na rua. Lá tive um grande amigo da minha

vida que foi Chico Buarque. Chico foi o maior amigo, ele e a Marieta. Nem tenho palavras para agradecê-los. Chico foi um grande amigo, não posso negar. Foi a grande salvação do Mané, ajudava muito Mané e me ajudava automaticamente.

O compositor ganhou um amigo, mas perdeu automaticamente a vaga de titular do time amador de Roma, entregue a Garrincha. Não houve a oportunidade de os dois jogarem juntos em nenhum time amador da capital italiana – o que seria a glória suprema para o meia-atacante, cria da Rua Taiarana. O que não o impediu de acrescentar mais uma mentirinha em sua autoficção futebolística: numa noite inspirada, atuando por um clube de várzea italiano, ele e Garrincha haviam marcado vinte gols, dez cada um, só no primeiro tempo. Quase um gol a cada dois minutos.

Chico retornou ao Brasil em março de 1970, sabedor do que enfrentaria pela frente: o AI-5 em sua plenitude. Mas nem na projeção mais pessimista imaginaria ser quase morto na porta do Maracanã por motociclistas responsáveis pela segurança do presidente Médici, fanático por futebol e frequentador assíduo do estádio. "Eu estava no Maracanã e quase fui atropelado por aqueles batedores chegando com o Médici. Foi a única vez que eu vi o Médici, de longe."[8]

Mesmo consciente de que a ditadura militar colheria frutos políticos com o bom desempenho da seleção, Chico não torceu a favor dos adversários do Brasil na Copa do Mundo de 1970, disputada no México. "Quem gosta de futebol, como eu gosto, era incapaz de reagir politicamente ao uso político da Copa a ponto de torcer contra o Brasil. (...) Torcia pelo time brasileiro sem torcer pelo Governo."[9]

Antes da competição mundial, ao voltar de Roma, havia se disposto nas entrevistas a revelar segredos táticos e técnicos da seleção italiana, que vira jogando algumas vezes pela televisão durante o autoexílio. "Cuidado com o Riva. Esse homem é um terror",[10] alertou, se referindo a um dos atacantes da Itália. O dublê de olheiro mostrou não entender muito do riscado. Riva fez apenas dois gols na competição, vencida com facilidade pelo Brasil. Para alegria de Chico. E de Médici.

TROCANDO EM MIÚDOS: SEIS VEZES CHICO

No retorno ao Brasil, Chico recebeu muitos afagos dos amigos. E alguns presentes indesejáveis, como uma camiseta do Flamengo, deixada na porta de sua casa, que, pelo tamanho, ele entendeu se tratar de um mimo oferecido a Silvia, sua primogênita, nascida em Roma e que acabara de completar um ano de vida.

Num primeiro momento, o compositor pensou que o desaforo era uma vingança pelo texto de sua autoria publicado no jornal *O Pasquim*, meses antes, em que explicava a diferença entre torcer para o Fluminense e para o Flamengo:

> Ser antiflamenguista é ostentar no meio da cara um diploma de ressentido. É detestar Mangueira, o carnaval e tudo o que cheire a popular e unânime. O neném desmamado, o menino asmático e o homem traído, esses terão sempre o direito de gritar contra o Flamengo. Por isso mesmo é muito fácil ser rubro-negro. Fácil demais. É como ser a favor do sol no meio do deserto, ou comemorar o Dia da Árvore no coração da Amazônia. (...) Mas torcer pelo Fluminense, modéstia à parte, requer outros talentos. Precisa saber dançar sem batucada. O tricolor chora e ri sem ninguém por perto. Ele merece um campeonato, ele merece.[11]

Chico merecia um troco bem dado. Mas, naquele caso, não se tratava de uma retaliação e sim de uma tradição cultivada há anos pelo presenteador, o cantor e compositor Cyro Monteiro, flamenguista doente e uma das mais queridas figuras do samba carioca. Bastava o filho de um grande amigo completar o primeiro aniversário para que Formigão, como era conhecido, enviasse o mimo. Dependendo do grau de fanatismo dos pais da criança, a oferenda era imediatamente devolvida.

Bem-educado, Chico não cometeria desfeita ao amigo, o que não significava aguentar calado. Com a certeza de que se tratava de uma provocação de Formigão, sabedor da antipatia dos Buarque de Hollanda pelo rubro-negro carioca – não seria Silvia a primeira a quebrar a tradição –, Chico respon-

184

deu à sua maneira, com um samba-carta, gravado em 1970, "Ilustríssimo Sr. Cyro Monteiro ou Receita para virar casaca de neném":

Amigo Cyro
Muito te admiro
O meu chapéu te tiro
Muito humildemente
Minha petiz
Agradece a camisa
Que lhe deste à guisa
De gentil presente
Mas caro nego
Um pano rubro-negro
É presente de grego
Não de um bom irmão
Nós separados
Nas arquibancadas
Temos sido tão chegados
Na desolação

Formigão gravou o samba de Chico no disco *Alô, Jovens – Tio Cyro Monteiro canta sambas dos sobrinhos*, também gravado em 1970. No fim da faixa, ouve-se uma gargalhada, seguida de um comentário do sambista: "Ô, Chico, a Silvinha vai crescer e entender." Três anos depois, durante o programa *Ensaio* da TV Cultura, Cyro voltou ao assunto, em tom de comemoração: "Acontece que a Silvinha entendeu e é Flamengo. E ele [Chico] me chamou de aliciador de menores."

Chico indignou-se e deu seguidas provas de que o encanto da filha pelo Flamengo havia se dissipado rapidamente, logo nos primeiros anos, assim que ela passou a ver as coisas com mais clareza e acompanhá-lo nas idas ao Maracanã. A própria Silvia Buarque não recorda ter torcido para o rubro-negro em algum momento da vida, como conta em depoimento ao autor: "Acho que os adultos ficavam usando a pobre criança para brincarem uns com os outros. Se um dia fui Flamengo, ninguém nunca me contou."

TROCANDO EM MIÚDOS: SEIS VEZES CHICO

Cyro nem pensou em jogar a toalha. Não daria essa alegria para um rival. Esperto, recorreu ao hino do Flamengo, composto por Lamartine Babo, para mostrar que Chico perdera a guerra desde o primeiro suspiro de Silvinha pelo rubro-negro, ainda no berço: "Uma vez Flamengo, Flamengo até morrer."

No autoexílio em Roma, como bom carioca, Chico sentiu falta das idas ao Maracanã, do feijão diário, da companhia dos amigos de boteco e da carteira de Luiz XV, o cigarro preferido – que, para seu desgosto, parou de ser comercializado justamente no ano da volta ao Brasil. Mas o que lhe causou mais saudade e angústia foi não poder mais jogar toda semana pelo Menopausa Futebol Clube, o time de várzea fundado e comandado por Paulinho da Viola.

O sambista, na adolescência, também ambicionou ser jogador de futebol – até foi levado por um primo para um teste no tradicional América do Rio, time respeitado nos anos 1950. Paulinho encantou a direção técnica do clube pela elegância e a falta de afobação para concluir as jogadas. Um momento de glória invejado pelo seu companheiro de ataque do Menopausa, que alcançara a proeza de ser barrado antes mesmo de entrar em campo pelo então modestíssimo Juventus da Mooca.

Paulinho só não virou profissional porque um outro primo, Oscar Bigode, diretor de bateria da Portela, achou que seria um desperdício o filho de César Faria (integrante do conjunto Época de Ouro e um dos mais respeitados músicos de sua geração), que parecia ter herdado o talento do pai, restringir a elegância e classe a um campo de futebol. Chamado para fazer parte do time de compositores da Portela, não prosseguiu como jogador do América.

Já conhecido pelos seus pares por levar as "peladas" extremamente a sério, muito mais do que qualquer outro jogador de várzea do Rio de Janeiro, Chico retornou ao Brasil com novos planos para o Menopausa. "Tenho recebido muitos apelos para voltar com toda força. (...) Se for preciso, para depor o capitão Paulinho da Viola, que ultimamente tem relaxado muito nas suas funções."[12]

FUTEBOL

O tom era de brincadeira, mas no fundo o centroavante ansiava por mudanças táticas no time, que o tornassem mais ofensivo e lhe permitissem chegar ao gol com menos sofrimento. Também desejava alterar o uniforme original do Menopausa, que achava sem graça e pouco vistoso. Pensava em algo que juntasse as duas das mais bonitas camisas do futebol italiano, da Fiorentina e da Internazionale de Milão.

Lentamente, Chico foi se apropriando do Menopausa, até tomar conta de quase tudo. Ninguém o questionou, muito menos o *low profile* Paulinho, louco para se livrar das obrigações e aporrinhações inerentes à função de capitão e dono do time. O Menopausa não engrenou e nem teria como – com exceção do centroavante e novo capitão, ninguém levava aquilo a sério. As partidas, que eram semanais, viraram quinzenais – até se tornarem mensais.

Chico, sofrendo de abstinência futebolística, resolveu tomar uma providência. Em 1978, arrematou cinco lotes no quase desabitado bairro do Recreio dos Bandeirantes, a 30 quilômetros do Leblon, construiu ali um campo e um vestiário (mais tarde batizado de Centro Vinicius de Moraes), e fundou o mais charmoso e famoso time de várzea da história do futebol brasileiro: o Politheama.

Se no Menopausa Futebol Clube, que nem dele era, Chico já centralizava as decisões táticas e administrativas, no Politheama ele passou a exercer um poder imperial. É o dono da bola, do gramado, do esquema tático e do apito – apenas simbólico. Não há juiz em campo, mas é o patrono do time quem estabelece quando o jogo termina – o tempo extra é determinado pelo placar da partida.

Quando o Politheama está vencendo, Chico dá um jeitinho de encerrá-lo antes dos 90 minutos – caso contrário, se a derrota é iminente, a partida pode se estender até o fim da tarde (os jogos são disputados religiosamente às segundas, quintas e sábados, sempre às 13 horas) até que o time da casa, à beira de um colapso físico, empate ou vire o jogo.

Aliás, a "invencibilidade" serviu de mote para a letra do hino do clube, composta e cantada a plenos pulmões por Chico: "Politheama, **Politheama**, o povo clama por você / Politheama, Politheama, cultiva a fama de não perder." Desde, claro, que Chico seja o juiz.

TROCANDO EM MIÚDOS: SEIS VEZES CHICO

Se isso não ocorre, as chances de derrota são consideráveis. Em março de 2005, em campo neutro, o time perdeu uma invencibilidade de 25 jogos para um combinado da Petrobras. A culpa, protestou Chico, não era do seu esquema tático, ofensivo demais (com quatro atacantes), nem da falta de categoria do lateral esquerdo, o cineasta Miguel Faria Jr., que não acertou um cruzamento. E sim do árbitro, um empregado da estatal. Chico provou do próprio veneno.

No Centro Vinicius de Moraes, apesar de o time ser formado em sua base por gente da música, o assunto predominante é o futebol. A ordem é não misturar as coisas. Não há qualquer chance de virar parceiro do autor de "Apesar de você" só porque joga no Politheama – mesmo sendo o líder de assistências ao centroavante. Assim como também não existe o risco de perder o emprego como músico da banda de Chico pelo excesso de passes errados.

Mesmo assim, há quem prefira não correr riscos. Em 1981, Chico organizou um campeonato de fim de semana no Centro Vinicius de Moraes, com a presença de seis equipes. Os adversários fizeram apenas uma exigência: que as partidas envolvendo o time da casa não fossem, como de praxe, apitadas pelo dono do campo e sim por um árbitro de mais confiança, ou seja, neutro. Escolheu-se, então, o cantor maranhense João do Vale, acima de qualquer suspeita. Aparentemente.

Chico Batera, músico da banda de Chico desde o início dos anos 1970, que, mesmo sem ter atuado pelo Politheama, assistiu a muitos jogos do time, relembra, em depoimento ao autor:

> O time do Chico chegou na final nesse dia. Com merecimento. E o João do Vale apitando as partidas, dando conta do recado. A final foi dura, equilibrada. Zero a zero até quarenta minutos do segundo tempo. O Politheama, mais envelhecido, cansou e passou a recuar. Até o Chico, que detesta retranca, passou a jogar na defesa para segurar o resultado e levar a partida para a disputa de pênaltis – desacostumado a jogar como zagueiro, acabou colocando a mão na área no último minuto de jogo.

Pênalti indiscutível. Todo mundo olhou para o João, que ficou impassível, fingindo que não era com ele. Não marcou falta do Chico. E o jogo terminou empatado. Foi uma puta confusão. O time adversário ameaçou se retirar de campo. Chico deixou claro que, se isso acontecesse, o Politheama seria decretado campeão por W.O. [punição aplicada à outra equipe, entre outros motivos, por abandonar a partida]. Diante da ameaça, disputaram-se os pênaltis, vencidos pelo Politheama. Foram pra cima do João do Vale, que, acuado, admitiu: "O Chico está produzindo um disco maravilhoso em minha homenagem [com participação de Tom Jobim, Clara Nunes, Nara Leão] e eu vou marcar um pênalti no último minuto contra ele? Isso na minha terra se chama ingratidão."

Assim o Politheama continuou cultivando a fama de não perder. E mesmo quando isso acontece, e de forma categórica, Chico dá um jeitinho de preservar a lenda em torno do seu time. Chico Batera conta:

O Politheama marcou uma partida contra os veteranos do Santos, na Vila Belmiro. Uma temeridade. O time dos caras só tinha grandes craques. Um repórter de uma rádio da cidade, bem novinho, foi entrevistar o Chico no vestiário, antes do jogo. E o Chico, que adora inventar histórias, sempre enaltecendo as façanhas do Politheama, disse que o time não perdia havia 25 anos. O repórter ficou impressionado. Deu destaque para a invencibilidade na matéria. Os times entraram em campo. Não deu outra: 5 a 0 para o Santos. O mesmo repórter foi perguntar para o Chico como ele estava se sentindo após o seu time perder uma invencibilidade de tantos anos. O Chico não perdeu a pose: "Rapaz, você nunca ouviu falar na palavra 'amistoso'? Os caras receberam a gente, deram camisa, chaveirinho. Você acha que a gente cometeria a desfeita de ganhar deles? Claro que não. Continuamos invictos. Esse jogo não

TROCANDO EM MIUDOS: SEIS VEZES CHICO

conta. Não é oficial. Pode falar aí que o Politheama continua sem perder. Vai falar, né?" E o repórter: "Vou."

Em 2012, a rede de TV americana CNN divulgou um ranking com as dez maiores rivalidades do futebol mundial. O confronto escocês entre Celtic e Rangers encabeçou a lista – o clássico paulista Corinthians e Palmeiras ficou em nono lugar. É mais uma prova de que os americanos estão pouco familiarizados com o esporte mais popular do planeta. Uma pesquisa mais apurada chegaria a outro veredicto.

No mundo, não há rivalidade maior que a alimentada pelo carioca Politheama, de Chico, e o paulistano Namorados da Noite, presidido e capitaneado pelo cantor Toquinho. Os dois patronos são adeptos do futebol-arte e, portanto, refratários a qualquer forma de violência. A briga se dá no campo dos números e das estatísticas.

Segundo levantamento feito por Chico, o Politheama venceu todas as vezes que atuou contra Os Namorados da Noite. Já Toquinho argumenta que o Politheama cansou de perder para os Namorados nos 90 minutos, e que só ganhou alguns jogos porque o "árbitro" Chico, como era de praxe, prolongou as partidas até que a virada viesse: "Eu não perdi para o time do Chico. Eu perdi para o campo do Chico, para o relógio do Chico e para o Chico juiz."[13]

Em 1983, surgiu uma grande oportunidade para Toquinho se vingar e encerrar o falso retrospecto do rival. Pela primeira vez, Politheama e Namorados da Noite se enfrentariam na preliminar de um jogo profissional, o clássico entre Corinthians e Santos, no Pacaembu, com transmissão ao vivo da TV Bandeirantes – ou seja, o que acontecesse ali seria perpetuado por muitos anos na memória dos brasileiros.

Toquinho escalou os titulares de sempre, mas, a poucos minutos do início da partida, com as duas equipes já no gramado, começou a colocar seu plano em ação. Numa troca-relâmpago, mandou os quatro piores jogadores do Namorados da Noite para o banco de reserva e os substituiu por talentosos meninos do time juniores da Portuguesa de Desportos.

Chico, mais preocupado em acertar a posição de Carlinhos Vergueiro e Vinicius Cantuária no meio de campo para frente e as subidas do lateral es-

FUTEBOL

querdo Guinga, não percebeu as alterações no Namorados da Noite. Apenas notou a preocupante ausência do lateral-esquerdo Luiz Carlos Miéle, um dos substituídos na última hora por Toquinho. A saída de Miéle, o maior perna de pau da história do futebol de várzea do Rio de Janeiro, já era um reforço e tanto para o adversário.

A partida começou. Chico só percebeu que havia algo de errado quando um garoto de 17 anos passou voando ao seu lado, tabelando com outro que aparentava ser ainda mais novo. Em poucos minutos, os Namorados da Noite abriram 2 a 0, e tudo indicava que o Politheama tomaria uma goleada histórica, testemunhada por milhões de brasileiros.

Chico enfureceu-se, exigindo a imediata substituição dos quatro garotos. Ninguém lhe deu ouvidos, nem era possível: o Pacaembu já estava lotado de corinthianos e santistas. O centroavante do Politheama tentou encerrar a partida antes dos 90 minutos, achando que estava no Centro Vinicius de Moraes. Não houve jeito. Fim de jogo: 5 a 1 para o time de Toquinho.

Os jogadores dos dois times, em meio a gozações, tomaram banho no vestiário do Pacaembu. Chico, emburrado, não abriu a boca. Nem mesmo quando o assunto passou a ser música. Além do amistoso, havia sido combinado um show numa badalada casa no bairro de Moema – uma troca de gentileza dos times amadores com a comissão técnica do Corinthians, convidada de honra da noite.

O radialista Osmar Santos, mestre de cerimônias da festa, anunciou as atrações. Carlinhos Vergueiro, Branca Di Neve, Toquinho, MPB-4, Vinicius Cantuária, Elba Ramalho, Moraes Moreira, Pepeu Gomes e outras estrelas se revezariam no palco. Chico Buarque encerraria a noite. Pelo menos é o que havia sido combinado.

O artista gráfico Elifas Andreato, centroavante do Namorados da Noite, lembrou qual era o estado emocional de Chico no camarim, a poucos minutos da apresentação, e como Sócrates, ele mesmo, o craque do Corinthians, evitou uma grande confusão:

> O Chico ficou ensandecido com a trapaça do Toquinho. Nunca tinha visto ele daquele jeito. Passou a noite inteira sem falar com ninguém no camarim. Quando eu o avisei que estava

TROCANDO EM MIÚDOS: SEIS VEZES CHICO

quase na hora da vez dele entrar no palco, ele disse: "Não vou cantar, não. Manda o Toquinho colocar aqueles quatro *músicos* do jogo no meu lugar. Eles podem ensaiar um coro de 'A banda.'" Eu ainda tentei argumentar, dizendo que desse jeito ele penalizaria o público, que tinha pago ingresso para vê-lo, mas não adiantou. O Osmar Santos, desesperado, também foi falar com ele. E nada. Eu voltei para a plateia e comentei com o Sócrates, que estava na minha mesa, sobre a decisão do Chico. E ele: "Deixa comigo." Eu não sei o que ele falou para o Chico, mas os dois ficaram trancados dez minutos no camarim. A plateia já estava impaciente, protestando. No exato momento em que o Magrão sentou na minha mesa, o Chico entrou no palco. E o Sócrates, pra mim: "Eu dei uma puta bronca nele."[14]

Chico preparou-se para dar um troco bem dado em Toquinho. Em julho de 1984, os dois times se enfrentaram novamente no campo do Politheama. Numa tarde endiabrada do trio ofensivo do Namorados da Noite, formado por Toquinho, Fernando Faro e Elifas Andreato, o time visitante abriu 3 a 1. Faltando cinco minutos para o fim da partida, sentindo o cheiro da derrota, Chico chegou no pé do ouvido do árbitro, o músico Francis Hime, escolhido em comum acordo pelos dois capitães, e ameaçou: "Se não acrescentar mais meia hora de jogo, não tem banho morno."

Fazia frio no bucólico Recreio dos Bandeirantes. Francis cedeu à chantagem de Chico – para alegria de Toquinho. Quanto mais ameaças e acréscimos no relógio do juiz, mais gols do Namorado da Noite. Fim de jogo: 6 a 1 para a equipe visitante. Chico, péssimo perdedor, não chegou ao ponto de desligar o aquecedor a gás, mas, como sempre, não digeriu a humilhação.

No dia seguinte, Fernando Faro voltou ao campo do Politheama para recordar os melhores momentos da épica goleada. Não encontrou Chico, apenas o paraibano Severino, caseiro do Centro Recreativo Vinicius de Moraes, cabisbaixo, triste pela derrota do patrão.

Faro notou que a bandeira do Namorados da Noite, hasteada antes do início do jogo, ao lado da do Politheama (outra tradição seguida à risca por Chico) não estava mais lá. "Perguntei então ao Severino pela bandeira. E ele, sem levantar o rosto, confessou, meio envergonhado: 'Seu Chico mandou queimar.'"[15]

A rivalidade entre o Politheama e o Namorados da Noite segue viva – eles não se enfrentam mais com tanta frequência, mas vira e mexe há troca de provocações entre os dois líderes dos times. Em 2010, um repórter da revista francesa *Brazuca* foi quem deu corda: "Chico, o Toquinho disse numa entrevista que joga muito melhor que você. Quem é melhor, afinal?" Chico matou no peito e fuzilou:

> Esse é o tipo de pergunta que minha modéstia não me permite responder. Há testemunhas que o time dele é freguês nosso. Ele já não joga há algum tempo, já não jogava grande coisa. Agora, a última vez que eu ia encontrar com ele para jogar, ele não apareceu. Eu acho que ele já pendurou a chuteira. Mas ele tem o filho jogando. Essa alegria ele tem, eu não. Tem um filho que joga, que está treinando no Corinthians. O Rivellino me disse que ele puxou a mãe, joga muito bem.

Por causa da fama de péssimo perdedor, o Centro Vinicius de Moraes se tornou um dos locais de convivência mais democráticos do Rio de Janeiro, pois o "olheiro" Chico, obcecado em melhorar o desempenho técnico da equipe – e piorar o dos adversários –, passou a recrutar jogadores de tudo quanto é canto. Até no exterior.

O cantor Hyldon, que joga com ou contra Chico desde os tempos de Zincão – um campo de várzea no Alto da Boa Vista que era também frequentado por Wilson Simonal, Jorge Ben Jor e Jair Rodrigues nos anos 1970 –, conta, em depoimento ao autor:

> O Chico é muito competitivo e muito gozador. Ele sabe que a graça do futebol, além do prazer de jogar, está nesses pequenos detalhes, nas rivalidades, nas provocações. E como o Politheama é uma casa aberta para todos, aberta pra valer – o portão

TROCANDO EM MIÚDOS: SEIS VEZES CHICO

de acesso ao campo nunca está trancado –, desde, claro, que a pessoa esteja ali para jogar futebol e não para encher o saco, o Chico, malandro, sempre quando identifica a chegada de um bom jogador dá um jeito de integrá-lo ao Politheama. E se o cara é um tremendo perna de pau, ele oferece para os rivais. Foi o caso de um jornalista alemão, amigo dele, que a gente apelidou de Alzheimer. Nos campeonatos que ele organiza, os times sempre precisam de mais jogadores. Os jogos são disputados na hora do almoço, quase sempre com um puta calor – ninguém aguenta ficar em campo o tempo todo. Chico gosta de recrutar a molecada do Terreirão, a favela que fica do lado do campo, a maioria boa de bola. Muitos começaram ainda garotos e jogam até hoje no Politheama.

No Centro Vinicius de Moraes, Hyldon sempre jogou contra o Politheama. É um autêntico "peladeiro", nome dado por Chico aos jogadores que não têm um time fixo – estão ali para completar as outras equipes, que podem ser as rivais (nesse caso é preciso ser grosso o suficiente), e as que são formadas na hora, batizadas, também pelo dono do campo, de Cata-Cata e Les Misérables.

Quarto zagueiro e perseguidor implacável de Chicória (apelido dado por Carlinhos Vergueiro e como o fundador do Politheama gosta de ser chamado), Hyldon diz que a vantagem de Chico é que os seus marcadores envelheceram junto com ele: "Todo mundo perdeu a velocidade, a força física. Eu não consigo mais fazer a marcação Pitanguy, cirúrgica, que fazia antes. E o Chico melhorou o toque de bola com o tempo, tornou-se mais cerebral. Quando consegue fazer uma boa jogada, é o primeiro a tirar sarro: "Ei, Hyldon, sua casinha caiu" [um trocadilho infame com o principal sucesso da carreira de Hyldon, Na rua, na chuva, na fazenda ("Casinha de sapê")].[16]

Apesar das gozações e dos eventuais cambalachos, ninguém é mais querido no Centro Vinicius de Moraes do que o anfitrião, garante Hyldon:

Quando a gente começou a jogar no Recreio, no fim dos anos 1970, aquilo ali era só mato. Só tinha um barzinho e uma residência perto, uma mansão, que logo descobrimos ser a casa de veraneio do presidente Figueiredo. A bola caía toda hora dentro do terreno do homem. O Chico mesmo ia buscar. Dizia, brincando, para os seguranças não furarem a bola. Aí começou o crescimento da favela do Terreirão. E a molecada veio jogar com a gente. Com o passar do tempo, Chico comprou outro terreno e mandou construir mais dois campos, para receber não só os garotos que jogavam no Politheama, mas para qualquer pessoa da favela que quisesse jogar bola, não necessariamente com a gente. Depois Chico montou uma ONG no Terreirão. Dei aula de música muitos anos ali, Chico levava todo mundo pra lá, tinha uma troca muito legal. Ele é muito querido por todos ali. A favela se expandiu muito, hoje é a maior da região. Como qualquer outra comunidade do Rio, tem problemas de violência, a presença do tráfico, da milícia. Mas nunca ninguém mexeu com Chico ou qualquer outro jogador. Em quase cinquenta anos, só uma pessoa foi assaltada, o Rodrigo Paiva [jornalista, ex-assessor de imprensa da CBF], o único boleiro-ostentação da história do Politheama, que chegava pra jogar de carrão importado, com rolex e o escambau. Aí não teve jeito: levaram tudo. No dia seguinte, alguém jogou alguma coisa para dentro do portão. Eram os documentos do Rodrigo. Tenho certeza que só devolveram porque se tratava de um convidado do Chico.

Mais doloroso do que perder é ficar sem jogar. Amigos testemunharam momentos de desespero de Chico quando percebe que não vai haver o número de jogadores necessário para iniciar o jogo (no campo do Politheama, menor que um oficial, jogam sete de cada lado). Como as partidas ocorrem durante a semana, na hora do almoço (para ninguém pegar trânsito na volta pra casa), quase sempre é preciso improvisar e rodar a vizinhança à procura de alguém para completar o time.

Uma vez, após seguidas buscas para achar dois jogadores, Chico sumiu. Meia hora depois, voltou com duas crianças do Terreirão, uma de oito anos e a outra de dez. Enquanto posicionava os meninos em campo – o menor na ponta direita e o maiorzinho de quarto zagueiro, ouviu protestos dos colegas. Ele tinha passado da conta. Chico, impassível, levou a bola pro meio de campo e iniciou o jogo: "Está no estatuto do clube: a idade mínima para jogar no Politheama é de seis meses."

O octogenário meia-atacante do Politheama continua jogando religiosamente toda segunda e quinta – se não está fazendo show ou viajando a passeio com a mulher Carol Proner, aparece sábado também. Não está no Guinness Book, o livro dos recordes, mas deveria estar: com o ator Antonio Pitanga, 84 anos e seis operações ortopédicas (uma a menos do que o patrono do time, que já operou o joelho direito seguidas vezes e recentemente a coluna), Chico forma a linha de frente mais resiliente e envelhecida da história do futebol de várzea.

E tudo indica que ele não deve parar tão cedo. Em 1998, aos 54 anos, disse que jogaria até os 78. Mas se arrependeu: "No futebol eu já anunciei que eu iria pendurar as chuteiras em 2022. Anunciei no campo. Até vai ter uma festa, o pessoal quer fazer um churrasco. Mas isso já faz alguns anos, e agora estou achando que 2022 é cedo, vou estar com 78 anos."[17]

Em 2010, aos 66, Chico prolongou novamente o prazo e disse que jogaria até quase cem. "Já prorroguei. Estava muito cedo. Agora eu deixei em aberto. Podendo, vou até 95."[18] Os amigos não duvidam. É o caso de Guinga, parceiro de muitos anos, na música e no campo:

> O futebol é a profissão de fé de Chico, a sua razão de viver. Ele adora aquilo ali. Toda vez que ele faz alguma cirurgia, acham que ele vai parar. Vai nada. Na última operação, na coluna, ele trouxe o médico dele, um cara forte, bom de bola, para jogar com a gente. Não deu outra: virou titular do Politheama. Chico está sempre garimpando os melhores. Para ganhar. Se Chico gostasse de perder, não seria o compositor que é. Ele gosta de competir. Na música, compete consigo mesmo, num nível altíssimo. No futebol, a concorrência é bem maior. Mas ele compensa uma ou outra deficiência técnica com muita inteligência.[19]

FUTEBOL

Afinal, Chico é realmente bom de bola ou apenas mais um perna de pau metido a Pelé (no caso dele, a Pagão)? Cacá Diegues acha que talvez não seja uma coisa nem outra. "Vexame ele nunca deu, mas não é o craque que pensa que é."[20] Para Luiz Melodia, patrono do Estácio Holly Futebol Clube, rival do Politheama, não havia dúvida: "O Chico não joga nada, nunca jogou, mas tem essa fama de habilidoso só porque é o dono do time."[21]

Nada disso parece ter muita importância para Chico, ainda mais depois de ser elogiado, inclusive como jogador de futebol, pelo seu maestro soberano, Tom Jobim, numa longa e afetuosa carta, escrita de Nova York, em outubro de 1989:

Chico Buarque meu herói nacional
Chico Buarque gênio da raça
Chico Buarque salvação do Brasil
A lealdade, a genialidade, a coragem
Chico carrega grandes cruzes, sua estrada é uma subida pedregosa
Seu desenho é prisco, atlético, ágil, bailarino

Let's dance! Eterno, simples, sofisticado, criador de melodias bruscas, nítidas, onde a Vida e a Morte estão sempre presentes, o Dia e a Noite, o Homem e a Mulher, tristeza e alegria, o modo menor e o modo maior, onde o admirável intérprete revela o grande compositor, o sambista, o criador, o grande artista, o poeta maior Francisco Buarque de Hollanda, o jogador de futebol, o defensor dos desvalidos, dos desatinados, das crianças que só comem luz, que mexe com os prepotentes, que discute com Deus e mora no coração do povo.
Chico Buarque Rosa do Povo, seresteiro poeta e cantor que aborrece os tiranos e alegra a tantos... tantos...
Chico Buarque Alegria do Povo, até seu foxtrote é brasileiro.
Zona Norte, Malandragem, Noel Rosa, Sinuca, Neruda, Futebol, tudo canta na tua inesgotável Lyra, tudo canta no martelo.

Bom Tempo, bota água no feijão, pra ver a banda passar, vem comer, vem jantar, menino Jesus, dia das mães, vou abrir a porta, Deus, Pai, afasta de mim este cálice de vinho tinto de sangue. Chico também não evitou os assuntos escabrosos, sangue, tortura, derrame, hemorragia...

Houve um momento em que temi pela tua sorte e te falei, mas creio que o pior já passou.

Chico Buarque homem do povo
FlaFlu, calça Lee, carradas de razão
Mamão, Jacarandá, Surubim
Macuco não, Pierrot e Arlequim
Você é tanta coisa que nem cabe aqui
Inovador, preservador, reencarnado, redivivo
Mestre da língua
Cabelos Negros
Olhos de gatão selvagem
Dos grandes gatos do mato
Olhos glaucos, luminosos
Teu sorriso inesquecível

O melhor da carta estava reservado para o final, uma referência de Tom ao trecho "ó Carlito, meu e nosso amigo, teus sapatos e teu bigode caminham numa estrada de pó e esperança", do poema "Canto ao homem do povo Charlie Chaplin", escrito por Carlos Drummond de Andrade:

Ó Francisco, nosso querido amigo
Tuas chuteiras caminham numa estrada de pó e esperança.

O maior gol de Chicória.

NOTAS

1. Política

1. *Folha de S.Paulo*, 6 nov. 1998.
2. *IstoÉ*, 25 out. 2006.
3. Idem.
4. *Folha de S.Paulo*, 12 mar. 1980.
5. *Playboy*, fev. 1979.
6. Idem.
7. Regina Zappa. *Chico Buarque*. Rio de Janeiro: Relume Dumará, 1999.
8. Rádio do Centro Cultural São Paulo, 10 dez. 1985.
9. *Senhor Vogue*, mar. 1979.
10. *Folha de S.Paulo*, 12 set. 1977.
11. *Playboy*, fev. 1979.
12. *O Globo*, 13 out. 1966.
13. Carta do censor Mário F. Russomanno enviada ao chefe da Censura Federal no dia 20 de junho de 1968.
14. *Jornal do Brasil*, 15 set. 1992.
15. Humberto Werneck. *Chico Buarque*: tantas palavras. São Paulo: Companhia das Letras, 1997
16. Idem.
17. *O Globo*, 15 jul. 1979.
18. *Jornal do Brasil*, 5 set. 1970.
19. *Marie Claire*, jul. 1999.
20. *Jornal do Brasil*, 5 mar. 1975.
21. *Jornal do Brasil*, 28 jan. 1975.
22. *Jornal do Brasil*, 13 out. 1977
23. Idem.
24. Humberto Werneck. *Chico Buarque*: tantas palavras. São Paulo: Companhia das Letras, 1997.
25. *Folha de S.Paulo*, 9 mar. 1980.
26. *Folha de S.Paulo*, 21 fev. 1978.

TROCANDO EM MIÚDOS: SEIS VEZES CHICO

27. *Folha de S.Paulo*, 5 abr. 1978.
28. *Jornal do Brasil*, 13 out. 1977.
29. *Playboy*, fev. 1979.
30. *O Globo*, 4 fev. 1985.
31. *Conexão Nacional*, jan. 1985.
32. *Jornal do Brasil*, 11 mar. 1985.
33. *Jornal do Brasil*, 13 mar. 1985.
34. Rádio do Centro Cultural São Paulo, 10 dez. 1985.
35. *Afinal*, 17 nov. 1987.
36. *Jornal do Brasil*, 29 jan. 1992.
37. Idem.
38. *Veja*, jan. 1992.
39. Idem.
40. *Jornal do Brasil*, 29 jan. 1992.
41. Idem.
42. Idem.
43. *Caros Amigos*, dez. 1998.
44. Idem.
45. *Brazuca*, mar. 2010.
46. Portal *G1*, 18 mai. 2010.
47. *Folha de S.Paulo*, 6 nov. 1998.
48. *Bundas*, jan. 2000.
49. *Brazuca*, mar. 2010.
50. *Ocas*, jul. 2004.
51. *Folha de S.Paulo*, 6 mai. 2006.
52. *Trip*, mai. 2006.
53. Idem.
54. *Revista Língua Portuguesa*, jun. 2006.
55. *Trip*, mai. 2006.
56. *Bazuca*, mar. 2010.
57. *O Estado de S.Paulo*, 5 nov. 2009.
58. Agência *A Tarde*, 16 nov. 2009.
59. *Brazuca*, mar. 2010.
60. *Folha de S.Paulo*, 27 fev. 2011
61. *Exame*, 17 set. 2012.
62. *Rolling Stone*, out. 2011.
63. *Época*, 18 out. 2013.
64. *El País*, 10 nov. 2019.
65. *Carta Capital*, jul. 2021.
66. *O Globo*, 22 jun. 2020.
67. *Carta Capital*, 21 fev. 2022.
68. *Carta Capital*, 16 ago. 2021.

NOTAS

69. *Folha de S.Paulo*, 6 dez. 2022.
70. Idem.
71. *UOL*, 24 abr. 2023.

2. Literatura

1. *Ocas*, jul. 2004.
2. Idem.
3. Idem.
4. *Pasquim*, 28 nov. 1975.
5. *Bundas*, jan. 2000.
6. *Caros Amigos*, dez. 1998.
7. Idem.
8. *Bundas*, jan. 2000.
9. *Folha de S.Paulo*, 9 jan. 1994.
10. DVD *Uma Palavra*, Roberto de Oliveira, 2005.
11. *Trip*, mai. 2006.
12. *Jornal do Brasil*, 14 abr. 1970.
13. Humberto Werneck. *Chico Buarque*: tantas palavras. São Paulo: Companhia das Letras, 1997.
14. *O Globo*, 8 dez. 1974.
15. *Jornal do Brasil*, 5 dez. 1974.
16. *Folha de S.Paulo*, 18 abr. 2005.
17. Filme *Chico: Artista Brasileiro*, Miguel Faria Jr., 2015.
18. *UOL*, abr. 2015.
19. *Língua Portuguesa*, jun. 2006.
20. *Ocas*, jul. 2004.
21. Entrevista conduzida por Günter Lorenz no Congresso de Escritores Latino-Americanos, em janeiro de 1965, e publicada em seu livro *Diálogo com a América Latina*, de 1973.
22. BBC, 22 out. 2021.
23. Humberto Werneck. *Chico Buarque*: tantas palavras. São Paulo: Companhia das Letras, 1997.
24. DVD *À flor da pele*, Roberto de Oliveira, 2005.
25. *Folha de S.Paulo*, 9 jan. 1994.
26. Idem.
27. *Veja*, 7 ago. 1991.
28. *Veja*, 4 nov. 1992.
29. *O Estado de S. Paulo*, 27 jan. 1996.
30. *Bundas*, jan. 2000.
31. *Ocas*, jul. 2004.
32. *O Globo*, 2 dez. 1995.

33. *O Globo*, 2 dez. 1995.
34. *Jornal do Brasil*, 2 dez. 1995.
35. *Folha de S.Paulo*, 2 dez. 1995.
36. *O Globo*, 2 dez. 1995.
37. *Folha de S.Paulo*, 2 dez. 1995.
38. *O Globo*, 17 fev. 1996.
39. *Bundas*, jun. 2000.
40. *Ocas*, jul. 2004.
41. Idem.
42. Idem.
43. *O Globo*, 14 set. 2003.
44. *Jornal do Brasil*, 14 set. 2003.
45. *Folha de S.Paulo*, 11 mai. 2009.
46. *O Globo*, 14 set. 2003.
47. *Carta Capital*, mai. 2006.
48. *Folha de S.Paulo*, 13 nov. 2010.
49. Idem.
50. *Folha de S.Paulo*, 9 jan. 1994.
51. *Blog da Companhia*, 22 mai. 2019.
52. *O Globo*, 15 nov. 2014.
53. *Folha de S.Paulo*, 15 nov. 2014.
54. Depoimento de Cacá Diegues ao autor, 2022.
55. *O Globo*, 15 abr. 2021.
56. DVD *À flor da pele*, Roberto de Oliveira, 2005.
57. *Folha de S.Paulo*, 14 out. 2021.
58. DVD *À flor da pele*, Roberto de Oliveira, 2005.
59. *O Estado de S. Paulo*, 20 dez. 2023.

3. Fama

1. *Folha de S.Paulo*, 9 jan. 1994.
2. Idem.
3. *Folha de S.Paulo*, 11 set. 1977.
4. Museu da Imagem e do Som, 11 nov. 1966.
5. *Realidade*, 9 dez. 1967.
6. *Folha de S.Paulo*, 11 set. 1977.
7. *Jornal do Brasil*, 14 abr. 1970.
8. Julio Maria. *Elis Regina*: nada será como antes. São Paulo: Master Books, 2015.
9. Museu da Imagem e do Som, 11 nov. 1966.
10. Regina Zappa. *Chico Buarque*. Rio de Janeiro: Relume Dumará, 1999.
11. *Jornal do Brasil*, 8 set. 1977.
12. *CooJornal*, jun.1977

NOTAS

13. *Ocas*, jul. 2004.
14. *Jornal do Brasil*, 4 dez. 1976.
15. *Trip*, mai. 2006.
16. *Folha de S.Paulo*, 9 jan. 1994.
17. Site *Tom Jobim*, mar. 1996.
18. *Brazuca*, mar. 2010.
19. *Folha de S.Paulo*, 26 dez. 2004.
20. *Trip*, mai. 2006.
21. *Folha de S.Paulo*, 26 dez. 2004.
22. *Marie Claire*, jul. 1999.
23. *Folha de S.Paulo*, 8 set. 1977.
24. *Folha de S.Paulo*, 18 abr. 2005.
25. *Brazuca*, mar. 2010.
26. DVD *À flor da pele*, Roberto de Oliveira, 2005.
27. *El País*, 25 mai. 2015.
28. *Almanaque Brasil*, ago. 2007.
29. *Brazuca*, mar. 2010.
30. Segundo Ana de Hollanda em entrevista concedida ao autor em 26 de julho de 2023.
31. *Revista Alça*, abr. 2012.
32. *Alfa*, abr. 2012.
33. *Trip*, mai. 2006.
34. *O Estado de S. Paulo*, 27 jun. 2005.
35. *Folha de S.Paulo*, 9 mar. 2005.
36. *Diário de S. Paulo*, 14 mar. 2005.
37. *Jornal do Brasil*, 10 nov. 1997.
38. Rádio do Centro Cultural São Paulo, 1985.
39. *Jornal do Brasil*, 10 nov. 1997.
40. *Correio Brasiliense*, 21 mai. 2014.
41. *Gazeta do Povo*, 8 set. 2013.
42. *O Globo*, 16 out. 2013.
43. Idem.
44. *Tantas canções*, Charles Gavin e Luís Pimentel, Universal Music, 2002.
45. *Bundas*, jan. 2000.
46. Idem.
47 Idem.

4. Polêmicas

1. *O Estado de S. Paulo*, 7 nov. 2009.
2. *Última Hora*, 6 nov. 1968.
3. *Última Hora*, 9 dez. 1968.

TROCANDO EM MIÚDOS: SEIS VEZES CHICO

4. *Última Hora*, 9 dez. 1968.
5. *O Pasquim*, 2 abr. 1970.
6. *Jornal do Brasil*, 14 abr. 1989.
7. Idem.
8. *O Pasquim*, 2 abr. 1970.
9. *Correio da Bahia*, 27 jan. 1979.
10. *O Bondinho*, dez. 1971.
11. *Folha de S.Paulo*, 3 mar. 1977.
12. *Playboy*, fev 1979.
13. *Tros-Nederland*, 23 mai. 1969.
14. Site Chico Buarque, nov. 1998.
15. *Almanaque Casseta Popular*, mar. 1991.
16. Rádio Eldorado, set. 1989
17. *Playboy*, fev. 1979.
18. *Jornal do Brasil*, 8 set. 1977.
19. Canal Livre, 1980.
20. Empresa norte-americana que injetou 6 milhões de dólares nos primórdios da emissora.

5. Censura — e autocensura

1. *Folha de S.Paulo*, 18 de abr. 2005.
2. *Bondinho*, dez. 1971.
3. Idem.
4. *Jornal do Brasil*, 9 set. 1966.
5. *Folha de S.Paulo*, 3 de mar. 1977.
6. *365*, out. 1976.
7. *O Globo*, 2 jul. 2022.
8. *O Globo*, 12 mai. 2013.
9. *CooJornal*, jun. 1977.
10. *Veja*, fev. 1976.
11. *Correio Braziliense*, 2 set. 1999.
12. *Marie Claire*, jul. 1999.
13. *Jornal do Brasil*, 28 jul. 1976.
14. *Blog do Mario Magalhães*, 21 mai. 2014.
15. *Jornal do Brasil*, 29 abr. 1986.
16. *Jornal do Brasil*, 23 jun. 1986.
17. *Jornal do Brasil*, 29 abr. 1986.
18. Idem.
19. *Playboy*, fev 1979.
20. *Jornal do Brasil*, fev. 1979.
21. *Folha de S.Paulo*, 21 fev. 1978.

NOTAS

6. Futebol

1. *O Globo*, 4 fev. 1985.
2. *Jornal do Brasil*, 22 set. 1995.
3. Idem.
4. *O Globo*, 14 mai. 1998.
5. Geneton Moraes Neto, 18 mai. 2010.
6. Idem.
7. *O Globo*, 14 mai. 1998.
8. Idem.
9. Idem.
10. *Jornal do Brasil*, 21 mar. 1970.
11. *O Pasquim*, 26 jun. 1969.
12. *Jornal do Brasil*, 14 abr. 1970.
13. Tom Cardoso. *Sócrates*: a história e as histórias do jogador mais original do futebol brasileiro. Rio de Janeiro: Objetiva, 2014.
14. Idem.
15. *Valor Econômico*, 8 ago. 2008.
16. Idem.
17. *Trip*, mai. 2006.
18. *Brazuca*, mar. 2010.
19. Depoimento ao autor.
20. Idem.
21. *Valor Econômico*, 17 out. 2014.

BIBLIOGRAFIA

ALBIN, Ricardo Cravo. *Driblando a censura*: de como o cutelo vil incidiu na cultura. Rio de Janeiro: Gryphus, 2002.

ARAÚJO, Paulo César de. *Eu não sou cachorro, não*: música popular cafona e ditadura militar. Rio de Janeiro: Record, 2002.

BUARQUE, Chico. *Fazenda modelo*. Rio de Janeiro: Civilização Brasileira, 1974.

_____. *Chapeuzinho Amarelo*. Rio de Janeiro: José Olympio, 1979.

_____. *Estorvo*. São Paulo: Companhia das Letras, 1991.

_____. *Benjamin*. São Paulo: Companhia das Letras, 1995.

_____. *Budapeste*. São Paulo: Companhia das Letras, 2003.

_____. *Leite derramado*. São Paulo: Companhia das Letras, 2009.

_____. *O irmão alemão*. São Paulo: Companhia das Letras, 2014.

_____. *Essa gente*. São Paulo: Companhia das Letras, 2019.

_____. *Anos de chumbo*. São Paulo: Companhia das Letras, 2021.

CARDOSO, Tom. *Tarso de Castro*: 75 kg de músculo e fúria. São Paulo: Planeta, 2005.

_____. *Outras palavras:* Seis vezes Caetano. Rio de Janeiro: Record, 2022.

_____. *Sócrates*: a história e as histórias do jogador mais original do futebol brasileiro. Rio de Janeiro: Objetiva, 2014.

_____; ROCKMANN, Roberto. *O marechal de Vitória:* uma história de rádio, TV e futebol. São Paulo: Girafa, 2005.

CARDOSO, Fernando Henrique; SOARES, Mário. *O mundo em português:* um diálogo. Rio de Janeiro: Paz e Terra, 1998.

CALADO, Carlos. *Tropicália*: a história de uma revolução musical. São Paulo: Editora 34, 1997.

DUARTE, Pedro. *Tropicália ou Panis et Circencis*. São Paulo: Cobogó, 2018.

FERNANDES, Rinaldo de (org.). *Chico Buarque, o poeta das mulheres, dos desvalidos e dos perseguidos:* ensaio sobre a mulher, o pobre e a repressão militar nas canções de Chico. Rio de Janeiro: Leya, 2013.

FAOUR, Rodrigo. *História sexual da MPB*. Rio de Janeiro: Record, 2006.

HOMEM, Wagner. *Chico Buarque:* história de canções. Rio de Janeiro: Leya, 2009.

HOMEM DE MELLO, Zuza. *A era dos festivais:* uma parábola. São Paulo: Editora 34, 2003.

MARIA, Julio. *Elis Regina*: nada será como antes. São Paulo: Master Books, 2015.

MACIEL, Luis Carlos. *Geração em transe:* memórias do tempo do Tropicalismo. Rio de Janeiro: Nova Fronteira, 1996.

MOTTA, Nelson. *Noites tropicais*. Rio de Janeiro: Objetiva, 2000.

NAVES, Santuza Cambraia. *Da bossa nova à tropicália*. Rio de Janeiro: Zahar, 2001.

SEVERIANO, Jairo; HOMEM DE MELLO, Zuza. *A canção no tempo:* 85 anos de músicas brasileiras vol. 2 (1958-1985). São Paulo: Editora 34, 1998.

SOUZA, Tárik de (org.). *O som do Pasquim*. Rio de Janeiro: Desiderata, 2009.

VELOSO, Caetano. *Verdade tropical*. São Paulo: Companhia das Letras, 1997.

WERNECK, Humberto. *Chico Buarque*: tantas palavras. São Paulo: Companhia das Letras, 1997.

ZAPPA, Regina. *Chico Buarque*. Rio de Janeiro: Relume Dumará, 1999.

DISCOGRAFIA, BIBLIOGRAFIA E PEÇAS DE CHICO BUARQUE

Discografia

CHICO BUARQUE DE HOLLANDA (1966)

1) A banda (Chico Buarque)
2) Tem mais samba (Chico Buarque)
3) A Rita (Chico Buarque)
4) Ela e sua janela (Chico Buarque)
5) Madalena foi pro mar (Chico Buarque)
6) Pedro pedreiro (Chico Buarque)
7) Amanhã, ninguém sabe (Chico Buarque)
8) Você não ouviu (Chico Buarque)
9) Juca (Chico Buarque)
10) Olê, olá (Chico Buarque)
11) Meu refrão (Chico Buarque)
12) Sonho de um carnaval (Chico Buarque)

MORTE E VIDA SEVERINA (1966)

1) De sua formosura (João Cabral de Melo Neto e Airton Barbosa)
2) Severino / O rio (João Cabral de Melo Neto e Airton Barbosa)
3) Notícias do Alto Sertão (João Cabral de Melo Neto e Airton Barbosa)
4) Mulher na janela (João Cabral de Melo Neto, Airton Barbosa e Chico Buarque)
5) Homens de pedra (João Cabral de Melo Neto e Airton Barbosa)
6) Todo o céu e a terra (João Cabral de Melo Neto e Airton Barbosa)
7) Encontro com o canavial (João Cabral de Melo Neto e Airton Barbosa)
8) Funeral de um lavrador (João Cabral de Melo Neto e Chico Buarque)
9) Chegada ao Recife (João Cabral de Melo Neto e Airton Barbosa)
10) As ciganas (João Cabral de Melo Neto e Airton Barbosa)
11) Despedida do agreste (João Cabral de Melo Neto e Airton Barbosa)
12) O outro Recife (João Cabral de Melo Neto e Airton Barbosa)
13) Fala do Mestre Carpina (João Cabral de Melo Neto e Airton Barbosa)

DISCOGRAFIA, BIBLIOGRAFIA E PEÇAS DE CHICO BUARQUE

CHICO BUARQUE DE HOLLANDA VOLUME 2 (1967)

1) Noite dos mascarados (Chico Buarque) – Com Os 3 Morais
2) Logo eu? (Chico Buarque)
3) Com açúcar, com afeto (Chico Buarque) – Jane Morais
4) Fica (Chico Buarque)
5) Lua Cheia (Chico Buarque e Toquinho)
6) Quem te viu, quem te vê (Chico Buarque)
7) Realejo (Chico Buarque)
8) Ano novo (Chico Buarque)
9) A televisão (Chico Buarque)
10) Será que Cristina volta? (Chico Buarque)
11) Morena dos olhos d'água (Chico Buarque)
12) Um chorinho (Chico Buarque)

CHICO BUARQUE DE HOLLANDA VOLUME 3 (1968)

1) Ela desatinou (Chico Buarque)
2) Retrato em branco e preto (Chico Buarque e Tom Jobim)
3) Januária (Chico Buarque)
4) Desencontro (Chico Buarque) – Com Toquinho
5) Carolina (Chico Buarque)
6) Roda Viva (Chico Buarque) – Com MPB-4
7) O velho (Chico Buarque)
8) Até pensei (Chico Buarque)
9) Sem fantasia (Chico Buarque) – Com Cristina
10) Até segunda-feira (Chico Buarque)
11) Funeral de um lavrador (Chico Buarque e João Cabral de Melo Neto)
12) Tema para Morte e vida severina (Chico Buarque)

DISCOGRAFIA, BIBLIOGRAFIA E PEÇAS DE CHICO BUARQUE

CHICO BUARQUE NA ITÁLIA (1969)

1) Farniente (Bom tempo) (Chico Buarque e vrs. Sergio Bardotti)
2) La banda (A banda) (Chico Buarque e vrs. Amurri)
3) Juca (Chico Buarque e vrs. Sergio Bardotti)
4) Olê, olá (Chico Buarque e vrs. Sergio Bardotti)
5) Rita (Chico Buarque e vrs. Sergio Bardotti)
6) Non vuoi ascoltar (Você não ouviu) (Chico Buarque e vrs. Sergio Bardotti)
7) Una mia canzone (Meu refrão) (Chico Buarque e vrs. Sergio Bardotti)
8) C'épiú samba (Tem mais Samba) (Chico Buarque e vrs. Bruno Lauzi)
9) Maddalena è andata via (Madalena foi pro mar) (Chico Buarque e vrs. Sergio Bardotti)
10) Carolina (Chico Buarque e vs. Sergio Bardotti)
11) Pedro pedreiro (Chico Buarque e vrs. Enzo Jannacci/Giorgio Calabrese)
12) La TV (A Televisão) (Chico Buarque e vrs. Sergio Bardotti)

CHICO BUARQUE DE HOLLANDA Nº 4 (1970)

1) Essa moça tá diferente (Chico Buarque)
2) Não fala de Maria (Chico Buarque)
3) Ilmo. Sr. Ciro Monteiro ou Receita pra virar casaca de neném (Chico Buarque)
4) Agora falando sério (Chico Buarque)
5) Gente humilde (Garoto, Vinicius de Moraes e Chico Buarque)
6) Nicanor (Chico Buarque)
7) Rosa dos ventos (Chico Buarque)
8) Samba e amor (Chico Buarque)
9) Pois é (Tom Jobim, Chico Buarque)
10) Cara a cara (Chico Buarque) – Com MPB-4
11) Mulher, vou dizer quanto te amo (Chico Buarque)
12) Tema de *Os Inconfidentes* (Chico Buarque e Cecília Meireles) – Com MPB-4

PER UN PUGNO DI SAMBA (1970)

1) Rotativa (Roda Viva) (Chico Buarque)
2) Samba e amore (Samba e amor) (Chico Buarque)
3) Sogno di un Carnevale (Sonho de um carnaval) (Chico Buarque)
4) Lei no, lei sta ballando (Ela desatinou) (Chico Buarque)
5) Il Nome di Maria (Não fala de Maria) (Chico Buarque)
6) Funerale di un contadino (Funeral de um lavrador) (Chico Buarque)
7) In te (Mulher, vou dizer quanto te amo) (Chico Buarque)
8) Queste e quelle (Umas e outras) (Chico Buarque)
9) Tu sei una di noi (Quem te viu, quem te vê) (Chico Buarque)
10) Nicanor (Chico Buarque)
11) In Memoria di un congiurato (Tema de *Os Inconfidentes*) (Chico Buarque)
12) Ed ora dico sul serio (Agora falando sério) (Chico Buarque)

CONSTRUÇÃO (1971)

1) Deus lhe pague (Chico Buarque)
2) Cotidiano (Chico Buarque)
3) Desalento (Chico Buarque e Vinicius de Moraes)
4) Construção (Chico Buarque)
5) Cordão (Chico Buarque)
6) Olha Maria (Amparo) (Chico Buarque, Vinicius de Moraes e Tom Jobim)
7) Samba de Orly (Chico Buarque, Toquinho e Vinicius de Moraes)
8) Valsinha (Chico Buarque e Vinicius de Moraes)
9) Minha história (Lucio Dalla, Paola Pallottino e vrs. Chico Buarque)
10) Acalanto (Chico Buarque)

QUANDO O CARNAVAL CHEGAR (1972)

1) Mambembe (Tema de Abertura) (Chico Buarque)
2) Baioque (Chico Buarque) – Maria Bethânia
3) Caçada (Chico Buarque)
4) Mais uma estrela (Bonfiglio de Oliveira e Herivelto Martins) – Nara Leão
5) Quando o carnaval chegar (Chico Buarque)
6) Minha embaixada chegou (Assis Valente) – Nara Leão e Bethânia
7) Soneto (Chico Buarque)
8) Mambembe (Chico Buarque)
9) Soneto (Chico Buarque)
10) Partido alto (Chico Buarque) – MPB-4
11) Bom conselho (Chico Buarque) – Maria Bethânia
12) Frevo (Tom Jobim e Vinicius de Moraes)
13) Formosa (Antônio Nássara e J. Rui) – Nara Leão e Maria Bethânia
14) Cantores do rádio (Lamartine Babo, João de Barro e Alberto Ribeiro) – Chico Buarque, Nara Leão e Maria Bethânia

CAETANO E CHICO JUNTOS E AO VIVO (1972)

1) Bom conselho (Chico Buarque)
2) Partido alto (Chico Buarque)
3) Tropicália (Caetano Veloso)
4) Morena dos olhos d'água (Chico Buarque)
5) A Rita (Chico Buarque)
6) Esse cara (Caetano Veloso)
7) Atrás da porta (Francis Hime e Chico Buarque)
8) Você não entende nada / Cotidiano (Caetano Veloso e Chico Buarque)
9) Bárbara (Chico Buarque e Ruy Guerra)
10) Ana de Amsterdam (Chico Buarque e Ruy Guerra)
11) Janelas abertas nº 2 (Caetano Veloso)
12) Os argonautas (Caetano Veloso)

DISCOGRAFIA, BIBLIOGRAFIA E PEÇAS DE CHICO BUARQUE

CHICO CANTA – CALABAR (1973)

1) Prólogo (Chico Buarque e Ruy Guerra)
2) Cala a boca, Bárbara (Chico Buarque e Ruy Guerra)
3) Tatuagem (Chico Buarque e Ruy Guerra)
4) Ana de Amsterdam (Chico Buarque e Ruy Guerra)
5) Bárbara (Chico Buarque e Ruy Guerra)
6) Não existe pecado ao sul do Equador / Boi voador não pode (Chico Buarque e Ruy Guerra)
7) Fado tropical (Chico Buarque e Ruy Guerra)
8) Tira as mãos de mim (Chico Buarque e Ruy Guerra)
9) Cobra de vidro (Chico Buarque e Ruy Guerra)
10) Vence na vida quem diz sim (Chico Buarque e Ruy Guerra)
11) Fortaleza (Chico Buarque e Ruy Guerra)

SINAL FECHADO (1974)

1) Festa imodesta (Caetano Veloso)
2) Copo vazio (Gilberto Gil)
3) Filosofia (Noel Rosa)
4) O filho que eu quero ter (Toquinho e Vinicius de Moraes)
5) Cuidado com a outra (Nelson Cavaquinho e Augusto Tomaz Jr.)
6) Lágrima (José Garcia, José Gomes Filho e Sebastião Nunes)
7) Acorda amor (Julinho da Adelaide e Leonel Paiva)
8) Ligia (Tom Jobim)
9) Sem compromisso (Nelson Trigueiro e Geraldo Pereira)
10) Você não sabe amar (Carlos Guinle, Dorival Caymmi e Hugo Lima)
11) Me deixe mudo (Walter Franco)
12) Sinal fechado (Paulinho da Viola)

DISCOGRAFIA, BIBLIOGRAFIA E PEÇAS DE CHICO BUARQUE

CHICO BUARQUE & MARIA BETHÂNIA AO VIVO (1975)

1) Olê, olá (Chico Buarque)
2) Sonho impossível (The Impossible Dream) (J. Darion, M. Leigh, vrs. Chico Buarque e Ruy Guerra)
3) Sinal fechado (Paulinho da Viola)
4) Sem fantasia (Chico Buarque)
5) Sem açúcar (Chico Buarque)
6) Com açúcar, com afeto (Chico Buarque)
7) Camisola do dia (David Nasser, Herivelto Martins)
8) Notícia de jornal (Haroldo Barbosa e Luis Reis)
9) Gota d'água (Chico Buarque)
10) Tanto mar (Instrumental) (Chico Buarque)
11) Foi assim (Lupicínio Rodrigues)
12) Flor da idade (Chico Buarque)
13) Bem querer (Chico Buarque)
14) Cobras e lagartos (Hermínio Bello de Carvalho e Sueli Costa)
15) Gita (Raul Seixas, Paulo Coelho)
16) Quem te viu, quem te vê (Chico Buarque)
17) Vai levando (Caetano Veloso e Chico Buarque)
18) Noite dos mascarados (Chico Buarque)

MEUS CAROS AMIGOS (1976)

1) O que será? (À flor da terra) (Chico Buarque) – Com Milton Nascimento
2) Mulheres de Atenas (Chico Buarque e Augusto Boal)
3) Olhos nos olhos (Chico Buarque)
4) Você vai me seguir (Chico Buarque e Ruy Guerra)
5) Vai trabalhar, vagabundo (Chico Buarque)
6) Corrente (Chico Buarque)
7) A noiva da cidade (Chico Buarque e Francis Hime)
8) Passaredo (Chico Buarque e Francis Hime)
9) Basta um Dia (Chico Buarque)
10) Meu caro amigo (Chico Buarque e Francis Hime)

OS SALTIMBANCOS (1977) – Trilha sonora do musical, com Miúcha, Nara Leão, Ruy e Magro (MPB-4)

1) Bicharia (Chico Buarque, Luis Enriquez Bacalov e Sergio Bardotti)
2) O jumento (Chico Buarque, Luis Enriquez Bacalov e Sergio Bardotti)
3) Um dia de cão (Chico Buarque, Luis Enriquez Bacalov e Sergio Bardotti)
4) A galinha (Chico Buarque, Luis Enriquez Bacalov e Sergio Bardotti)
5) História de uma gata (Chico Buarque, Luis Enriquez Bacalov e Sergio Bardotti)
6) A cidade ideal (Chico Buarque, Luis Enriquez Bacalov e Sergio Bardotti)
7) Minha canção (Chico Buarque, Luis Enriquez Bacalov e Sergio Bardotti)
8) A pousada do bom ladrão (Chico Buarque, Luis Enriquez Bacalov e Sergio Bardotti)
9) A batalha (Luis Enriquez Bacalov)
10) Todos juntos (Chico Buarque, Luis Enriquez Bacalov e Sergio Bardotti)
11) Esconde esconde (Chico Buarque, Luis Enriquez Bacalov e Sergio Bardotti)

CHICO BUARQUE (1978)

1) Feijoada completa (Chico Buarque)
2) Cálice (Chico Buarque e Gilberto Gil) – Com Milton Nascimento
3) Trocando em miúdos (Chico Buarque e Francis Hime)
4) O meu amor (Chico Buarque) – Com Marieta Severo e Elba Ramalho
5) Homenagem ao malandro (Chico Buarque)
6) Até o fim (Chico Buarque)
7) Pedaço de Mim (Chico Buarque) – Com Zizi Possi
8) Pivete (Chico Buarque e Francis Hime)
9) Pequeña serenata diurna (Silvio Rodríguez)
10) Tanto mar (Chico Buarque)
11) Apesar de você (Chico Buarque)

ÓPERA DO MALANDRO (TRILHA SONORA DO MUSICAL) (1979)

1) O malandro (Bertolt Brecht, Kurt Weill, vrs. Chico Buarque) – MPB-4
2) Hino de Duran (Chico Buarque) – Com A Cor do Som
3) Viver do amor (Chico Buarque) – Marlene
4) Uma canção desnaturada (Chico Buarque) – Com Marlene
5) Tango do covil (Chico Buarque) – MPB-4
6) Doze anos (Chico Buarque) – Com Moreira da Silva
7) O casamento dos pequenos-burgueses (Chico Buarque) – Com Alcione
8) Terezinha (Chico Buarque) – Zizi Possi
9) Homenagem ao malandro (Chico Buarque) – Moreira da Silva
10) Folhetim (Chico Buarque) – Nara Leão
11) Ai, se eles me pegam agora (Chico Buarque) – Frenéticas
12) O meu amor (Chico Buarque) – Marieta Severo e Elba Ramalho
13) Se eu fosse o teu patrão (Chico Buarque) – Turma do Funil
14) Geni e o zepelim (Chico Buarque)
15) Pedaço de mim (Chico Buarque) – Gal Costa e Francis Hime
16) Ópera (Chico Buarque) – Cantores Líricos
17) O malandro nº 2 (Bertolt Brecht, Kurt Weill, vrs. Chico Buarque) – João Nogueira

VIDA (1980)

1) Vida (Chico Buarque)
2) Mar e lua (Chico Buarque)
3) Deixe a menina (Chico Buarque)
4) Já passou (Chico Buarque)
5) Bastidores (Chico Buarque)
6) Qualquer canção (Chico Buarque)
7) Fantasia (Chico Buarque)
8) Eu te amo (Chico Buarque e Tom Jobim) – Com Telma Costa
9) De todas as maneiras (Chico Buarque)
10) Morena de Angola (Chico Buarque)
11) Bye bye, Brasil (Chico Buarque e Roberto Menescal)
12) Não sonho mais (Chico Buarque)

ALMANAQUE (1981)

1) As vitrines (Chico Buarque)
2) Ela é dançarina (Chico Buarque)
3) O meu guri (Chico Buarque)
4) A voz do dono e o dono da voz (Chico Buarque)
5) Almanaque (Chico Buarque)
6) Tanto amar (Chico Buarque)
7) Angélica (Miltinho e Chico Buarque)
8) Moto-contínuo (Edu Lobo e Chico Buarque)
9) Amor barato (Francis Hime e Chico Buarque) – Com Carlinhos Vergueiro

SALTIMBANCOS TRAPALHÕES (1981)

1) Piruetas (Chico Buarque, Luis Enriquez Bacalov e Sergio Bardotti) – Chico Buarque e Os Trapalhões

2) Hollywood (Chico Buarque, Luis Enriquez Bacalov e Sergio Bardotti) – Lucinha Lins e Os Trapalhões

3) Alô, liberdade (Chico Buarque, Luis Enriquez Bacalov e Sergio Bardotti) – Bebel e Os Trapalhões

4) A cidade dos artistas (Chico Buarque, Luis Enriquez Bacalov e Sergio Bardotti) – Elba Ramalho e Os Trapalhões

5) História de uma gata (Chico Buarque, Luis Enriquez Bacalov e Sergio Bardotti) – Lucinha Lins

6) Rebichada (Chico Buarque, Luis Enriquez Bacalov e Sergio Bardotti) – Chico Buarque e Os Trapalhões

7) Minha canção (Chico Buarque, Luis Enriquez Bacalov e Sergio Bardotti) – Lucinha Lins

8) Meu caro barão (Chico Buarque, Luis Enriquez Bacalov e Sergio Bardotti) – Chico Buarque e Os Trapalhões

9) Todos juntos (Chico Buarque, Luis Enriquez Bacalov e Sergio Bardotti) Lucinha Lins e Os Trapalhões

CHICO BUARQUE EN ESPAÑOL (1982)

1) Que será? (Chico Buarque e vrs. Daniel Viglietti) – Com Milton Nascimento
2) Mar y luna (Chico Buarque e vrs. Daniel Viglietti)
3) Geni y elzepelín (Chico Buarque e vrs. Daniel Viglietti)
4) A pesar de usted (Chico Buarque e vrs. Daniel Viglietti)
5) Querido amigo (Chico Buarque e vrs. Daniel Viglietti)
6) Construcción (Chico Buarque e vrs. Daniel Viglietti)
7) Te amo (Chico Buarque e vrs. Daniel Viglietti) – Com Telma Costa
8) Cotidiano (Chico Buarque e vrs. Daniel Viglietti)
9) Acalanto (Chico Buarque e vrs. Daniel Viglietti)
10) Mambembe (Chico Buarque e vrs. Daniel Viglietti)

PARA VIVER UM GRANDE AMOR (TRILHA SONORA DO FILME) (1983)

1) Samba do carioca (Carlos Lyra e Vinicius de Moraes) – Dori Caymmi
2) Sabe você? (Carlos Lyra e Vinicius de Moraes) – Djavan
3) Sinhazinha (Despertar) (Chico Buarque) – Zezé Motta
4) Desejo (Djavan) – Djavan
5) A violeira (Tom Jobim, Chico Buarque) – Elba Ramalho
6) Imagina (Tom Jobim, Chico Buarque) – Djavan e Olivia Byington
7) Tanta saudade (Chico Buarque e Djavan) – Djavan
8) A Primavera (Carlos Lyra e Vinicius de Moraes) – Djavan e Olivia Byington
9) Sinhazinha (Despedida) (Chico Buarque) – Olivia Byington
10) Samba do grande amor (Chico Buarque) – Djavan e Sérgio Ricardo
11) Meninos, eu vi (Tom Jobim, Chico Buarque) – Djavan e Olivia Byington

O GRANDE CIRCO MÍSTICO (TRILHA SONORA DO MUSICAL) – CHICO BUARQUE E EDU LOBO (1983)

1) Abertura do circo (Instrumental) (Edu Lobo e Chico Buarque)
2) Beatriz (Edu Lobo e Chico Buarque) – Milton Nascimento
3) Valsa dos clowns (Edu Lobo e Chico Buarque) – Jane Duboc
4) Opereta do casamento (Edu Lobo e Chico Buarque) – Coro
5) A história de Lily Braun (Edu Lobo e Chico Buarque) – Gal Costa
6) Oremus (Edu Lobo e Chico Buarque) – Coro
7) Meu namorado (Edu Lobo e Chico Buarque) – Simone
8) Sobre todas as coisas (Edu Lobo e Chico Buarque) – Gilberto Gil
9) A bela e a fera (Edu Lobo e Chico Buarque) – Tim Maia
10) Ciranda da bailarina (Edu Lobo e Chico Buarque) – Coro infantil
11) O circo místico (Edu Lobo e Chico Buarque) – Zizi Possi
12) Na carreira (Edu Lobo e Chico Buarque) – Edu Lobo e Chico Buarque

CHICO BUARQUE (1984)

1) Pelas tabelas (Chico Buarque)
2) Brejo da cruz (Chico Buarque)
3) Tantas palavras (Dominguinhos, Chico Buarque)
4) Mano a mano (Chico Buarque e João Bosco) – Com João Bosco
5) Samba do grande amor (Chico Buarque)
6) Como se fosse a primavera (Pablo Milanés, Nicolas Guillen) – Com Pablo Milanés
7) Suburbano coração (Chico Buarque)
8) Mil perdões (Chico Buarque)
9) As cartas (Chico Buarque)
10) Vai passar (Chico Buarque e Francis Hime)

ÓPERA DO MALANDRO (TRILHA SONORA DO FILME) (1985)

1) A volta do malandro (Chico Buarque)
2) Las muchachas de Copacabana (Chico Buarque) – Ney Matogrosso
3) Tema de Geni (Instrumental) (Chico Buarque)
4) Hino da repressão (Hino de Duran) (Chico Buarque) – Ney Latorraca
5) Aquela mulher (Chico Buarque) – Edson Celulari
6) Viver do amor (Chico Buarque) – As Mariposas
7) Sentimental (Chico Buarque) – Cláudia Ohana
8) Desafio do malandro (Chico Buarque) – Edson Celulari e Aquiles
9) O último blues (Chico Buarque) – Cláudia Ohana
10) Palavra de mulher (Chico Buarque) – Elba Ramalho
11) O meu amor (Chico Buarque) – Elba Ramalho e Cláudia Ohana
12) Tango do covil (Chico Buarque) – Os Muchachos
13) Uma canção desnaturada (Chico Buarque) – Suely Costa
14) Rio 42 (Chico Buarque) – As Mariposas
15) Pedaço de mim (Chico Buarque) – Elba Ramalho e Edson Celulari

O CORSÁRIO DO REI (TRILHA SONORA DA PEÇA DE AUGUSTO BOAL) – EDU LOBO E CHICO BUARQUE (1985)

1) Verdadeira embolada (Edu Lobo e Chico Buarque) – Fagner, Edu Lobo e Chico Buarque
2) Show bizz (Edu Lobo e Chico Buarque) – Blitz
3) A mulher de cada porto (Edu Lobo e Chico Buarque) – Chico Buarque e Gal Costa
4) Opereta do moribundo (Edu Lobo e Chico Buarque) – MPB-4
5) Bancarrota blues (Edu Lobo e Chico Buarque) – Nana Caymmi
6) Tango de Nancy (Edu Lobo e Chico Buarque) – Lucinha Lins
7) Choro bandido (Edu Lobo e Chico Buarque) – Edu Lobo e Tom Jobim
8) Salmo (Edu Lobo e Chico Buarque) – Zé Renato e Cláudio Nucci
9) Acalanto (Edu Lobo e Chico Buarque) – Ivan Lins
10) O corsário do rei (Edu Lobo e Chico Buarque) – Marco Nanini
11) Meia-noite (Edu Lobo e Chico Buarque) – Djavan

DISCOGRAFIA, BIBLIOGRAFIA E PEÇAS DE CHICO BUARQUE

MALANDRO (1985)

1) A volta do malandro (Chico Buarque)
2) Las muchachas de Copacabana (Chico Buarque) – Ney Matogrosso
3) Hino da repressão (Chico Buarque) – Ney Latorraca
4) O último blues (Chico Buarque) – Gal Costa
5) Tango do covil (Chico Buarque) – Os Muchachos
6) Sentimental (Chico Buarque) – Zizi Possi
7) Aquela mulher (Chico Buarque) – Paulinho da Viola
8) Palavra de mulher (Chico Buarque) – Elba Ramalho
9) Hino da repressão (Segundo turno) (Chico Buarque)
10) Rio 42 (Chico Buarque) – Bebel

MELHORES MOMENTOS DE CHICO & CAETANO – AO VIVO (1986)

1) Festa imodesta (Caetano Veloso) – Chico Buarque e Caetano Veloso
2) Billie Jean (Michael Jackson) – Caetano Veloso
3) Roberto corta essa (Jorge Ben) – Jorge Ben
4) Adios nonino (Astor Piazzolla) – Astor Piazzolla
5) Tiro de misericórdia (Aldir Blanc, João Bosco) – Elza Soares
6) Não quero saber mais dela (Sombrinha e Almir Guineto) – Beth Carvalho, Chico Buarque, Caetano Veloso e Fundo de Quintal
7) London, London (Caetano Veloso) – Caetano Veloso e Paulo Ricardo
8) Águas de março (Tom Jobim) – Tom Jobim, Chico Buarque e Caetano Veloso
9) Sentimental (Chico Buarque) – Chico Buarque
10) Luz negra (Nelson Cavaquinho e Irany Barros) – Cazuza
11) Merda (Caetano Veloso) – Caetano Veloso, Chico Buarque, Rita Lee e Luiz Caldas

FRANCISCO (1987)

1) O velho Francisco (Chico Buarque)
2) As minhas meninas (Chico Buarque)
3) Uma menina (Chico Buarque)
4) Estação derradeira (Chico Buarque)
5) Bancarrota blues (Chico Buarque e Edu Lobo)
6) Ludo real (Vinicius Cantuária e Chico Buarque) – Com Vinicius Cantuária
7) Todo o sentimento (Cristóvão Bastos, Chico Buarque)
8) Lola (Chico Buarque)
9) Cadê você (Leila XIV) (Chico Buarque e João Donato)
10) Cantando no toró (Chico Buarque)

DANÇA DA MEIA-LUA – EDU LOBO E CHICO BUARQUE (1988)

1) Abertura instrumental (Edu Lobo)
2) Casa de João e Rosa (Edu Lobo e Chico Buarque)
3) A permuta dos Santos (Edu Lobo e Chico Buarque)
4) Frevo diabo (Edu Lobo e Chico Buarque)
5) Meio-dia, meia-lua (Edu Lobo e Chico Buarque)
6) Abandono (Edu Lobo e Chico Buarque)
7) Dança das máquinas instrumental (Edu Lobo)
8) Tablados (Edu Lobo e Chico Buarque)
9) Tororó (Edu Lobo e Chico Buarque)
10) Sol e chuva (Edu Lobo e Chico Buarque)
11) Valsa brasileira (Edu Lobo e Chico Buarque)
12) Pas de deux (instrumental) (Edu Lobo)

CHICO BUARQUE (1989)

1) Morro Dois Irmãos (Chico Buarque)
2) Trapaças (Chico Buarque)
3) Na ilha de Lia, no barco de Rosa (meio-dia, meia-lua) (Chico Buarque e Edu Lobo)
4) Baticum (Chico Buarque e Gilberto Gil)
5) A permuta dos Santos (Edu Lobo e Chico Buarque)
6) O futebol (Chico Buarque)
7) A mais bonita (Chico Buarque)
8) Uma palavra (Chico Buarque)
9) Tanta saudade (Chico Buarque e Djavan)
10) Valsa brasileira (Edu Lobo e Chico Buarque)

CHICO BUARQUE AO VIVO PARIS LE ZENITH (1990)

1) Desalento (Vinicius de Moraes, Chico Buarque)
2) A Rita (Chico Buarque)
3) Samba do grande amor (Chico Buarque)
4) Gota d'água (Chico Buarque)
5) As vitrines (Chico Buarque)
6) A volta do malandro (Chico Buarque)
7) Partido alto (Chico Buarque)
8) Sem compromisso (Geraldo Pereira e Nelson Trigueiro)
9) Deixa a menina (Chico Buarque)
10) Suburbano coração (Chico Buarque)
11) Palavra de mulher (Chico Buarque)
12) Todo o sentimento (Cristóvão Bastos, Chico Buarque)
13) Joana Francesa (Chico Buarque)
14) Rio 42 (Chico Buarque)
15) Não existe pecado ao sul do Equador (Chico Buarque e Ruy Guerra)
16) Brejo da cruz (Chico Buarque)
17) O que será? (À flor da pele) (Chico Buarque)
18) Vai passar (Francis Hime e Chico Buarque)
19) Samba de Orly (Vinicius de Moraes, Chico Buarque e Toquinho)
20) João e Maria (Chico Buarque e Sivuca)
21) Eu quero um samba (Haroldo Barbosa e Janet de Almeida)
22) Essa moça tá diferente (Chico Buarque)

PARATODOS (1993)

1) Paratodos (Chico Buarque)
2) Choro bandido (Edu Lobo e Chico Buarque)
3) Tempo e artista (Chico Buarque)
4) De volta ao samba (Chico Buarque)
5) Sobre todas as coisas (Edu Lobo e Chico Buarque)
6) Outra noite (Luiz Cláudio Ramos, Chico Buarque)
7) Biscate (Chico Buarque) – Com Gal Costa
8) Romance (Chico Buarque)
9) Futuros amantes (Chico Buarque)
10) Piano na Mangueira (Tom Jobim, Chico Buarque)
11) Pivete (Francis Hime e Chico Buarque)
12) A foto da capa (Chico Buarque)

CHICO – O AMANTE (1994)

1) Atrás da porta (Francis Hime e Chico Buarque)
2) Tatuagem (Chico Buarque e Ruy Guerra)
3) Olhos nos olhos (Chico Buarque)
4) Com açúcar, com afeto (Chico Buarque)
5) Sem fantasia (Chico Buarque)
6) Mil perdões (Chico Buarque)
7) Bastidores (Chico Buarque)
8) Trocando em miúdos (Francis Hime e Chico Buarque)
9) De todas as maneiras (Chico Buarque)
10) Pedaço de mim (Chico Buarque)
11) Não sonho mais (Chico Buarque)
12) Tira as mãos de mim (Chico Buarque e Ruy Guerra)
13) Cala a boca, Bárbara (Chico Buarque e Ruy Guerra)
14) Bárbara (Chico Buarque e Ruy Guerra)

DISCOGRAFIA, BIBLIOGRAFIA E PEÇAS DE CHICO BUARQUE

CHICO – O TROVADOR (1994)

1) Eu te amo (Tom Jobim e Chico Buarque)
2) Cotidiano (Chico Buarque)
3) Valsinha (Vinicius de Moraes e Chico Buarque)
4) Samba do grande amor (Chico Buarque)
5) Morena de Angola (Chico Buarque)
6) Deixa a menina (Chico Buarque)
7) Você vai me seguir (Chico Buarque e Ruy Guerra)
8) Olha Maria (Amparo) (Tom Jobim, Vinicius de Moraes e Chico Buarque)
9) João e Maria (Chico Buarque, Sivuca)
10) Carolina (Chico Buarque)
11) As vitrines (Chico Buarque)
12) Pois é (Tom Jobim e Chico Buarque)
13) Tanto Amar (Chico Buarque)
14) Olê, olá (Chico Buarque)

CHICO – O CRONISTA (1994)

1) Bye bye Brasil (Roberto Menescal, Chico Buarque)
2) Vai levando (Chico Buarque e Caetano Veloso)
3) O cio da terra (Chico Buarque, Milton Nascimento e vrs. Jim Webb)
4) Passaredo (Francis Hime, Chico Buarque)
5) Pivete (Francis Hime, Chico Buarque)
6) O meu guri (Chico Buarque)
7) Brejo da cruz (Chico Buarque)
8) Geni e o Zepelim (Chico Buarque)
9) Pelas tabelas (Chico Buarque)
10) Flor da idade (Chico Buarque)
11) Fantasia (Chico Buarque)
12) Gente humilde (Vinicius de Moraes, Chico Buarque e Garoto)
13) Feijoada completa (Chico Buarque)
14) Vai passar (Francis Hime e Chico Buarque)

DISCOGRAFIA, BIBLIOGRAFIA E PEÇAS DE CHICO BUARQUE

CHICO – O POLÍTICO (1994)

1) Construção (Chico Buarque)
2) Apesar de você (Chico Buarque)
3) Cálice (Gilberto Gil, Chico Buarque)
4) Samba de Orly (Vinicius de Moraes, Chico Buarque e Toquinho)
5) Acorda amor (Chico Buarque)
6) Meu caro amigo (Francis Hime e Chico Buarque)
7) Bom conselho (Chico Buarque)
8) Gota d'água (Chico Buarque)
9) O que será? (À flor da terra) (Chico Buarque)
10) Fado tropical (Chico Buarque e Ruy Guerra)
11) Tanto mar (Chico Buarque)
12) Angélica (Chico Buarque e Miltinho)
13) Cordão (Chico Buarque)
14) Deus lhe pague (Chico Buarque)

CHICO – O MALANDRO (1994)

1) Vai trabalhar, vagabundo (Chico Buarque)
2) Homenagem ao malandro (Chico Buarque)
3) Samba e amor (Chico Buarque)
4) A banda (Chico Buarque)
5) Quem te viu, quem te vê (Chico Buarque)
6) Doze anos (Chico Buarque)
7) Hino de Duran (Chico Buarque)
8) Nicanor (Chico Buarque)
9) Quando o carnaval chegar (Chico Buarque)
10) A volta do malandro (Chico Buarque)
11) Não existe pecado ao sul do Equador (Chico Buarque e Ruy Guerra)
12) Boi voador não pode (Chico Buarque e Ruy Guerra)
13) Noite dos mascarados (Chico Buarque)
14) Mambembe (Chico Buarque)
15) Até o fim (Chico Buarque)

UMA PALAVRA (1995)

1) Estação derradeira (Chico Buarque)
2) Morro Dois Irmãos (Chico Buarque)
3) Ela é dançarina (Chico Buarque)
4) Samba e amor (Chico Buarque)
5) A rosa (Chico Buarque)
6) Joana francesa (Chico Buarque)
7) O futebol (Chico Buarque)
8) Ela desatinou (Chico Buarque)
9) Quem te viu, quem te vê (Chico Buarque)
10) Pelas tabelas (Chico Buarque)
11) Eu te amo (Chico Buarque e Tom Jobim)
12) Valsa brasileira (Chico Buarque e Edu Lobo)
13) Amor barato (Chico Buarque e Francis Hime)
14) Vida (Chico Buarque)
15) Uma palavra (Chico Buarque)

TERRA (1997)*

1) Assentamento (Chico Buarque)
2) Brejo da cruz (Chico Buarque)
3) Levantados do chão (Chico Buarque e Milton Nascimento)
4) Fantasia (Chico Buarque)

*Disco que acompanha o livro *Terra*, do fotógrafo Sebastião Salgado.

CHICO BUARQUE DE MANGUEIRA (1997)

1) Chão de esmeraldas (Chico Buarque e Hermínio Bello de Carvalho)
2) Sala de recepção (Cartola) – Chico Buarque
   Alvorada (Cartola, Carlos Cachaça e Hermínio Bello de Carvalho) – Chico Buarque, Leci Brandão e Alcione
   Folhas secas (Nelson Cavaquinho e Guilherme de Brito) – Chico Buarque
   Pranto de poeta (Nelson Cavaquinho e Guilherme de Brito) – Leci Brandão
   Saudosa Mangueira (Herivelto Martins) – João Nogueira
   Lá em Mangueira (Herivelto Martins e Heitor dos Prazeres) – Coro Christina, Pií, Ana de Hollanda, Mariana, Nadinho, Da Ilha, José Carlos, Cristina Cerqueira e Paulo Malaguti
3) Linguagem do morro (Padeirinho e Ferreira dos Santos) – João Nogueira
   Favela (Jorge Pessanha e Padeirinho) – Christina
   O samba do operário (Nelson Sargento, Cartola e Alfredo Português) – João Nogueira
4) Como será o ano 2000 (Padeirinho) – Carlinhos Vergueiro e Christina
   Cabritada Malsucedida (Geraldo Pereira e Wilton Wanderley) – Carlinhos Vergueiro
   Polícia no Morro (Geraldo Pereira e Arnaldo Passos) – Christina
   Agoniza, mas não morre (Nelson Sargento) – Carlinhos Vergueiro e Christina
5) Pisei num despacho (Geraldo Pereira e Elpídio Viana) – Nelson Sargento
   Resignação (Geraldo Pereira e Arnô Provenzano) – Nelson Sargento e Alcione
   Você está sumindo (Geraldo Pereira e Jorge de Castro) – Nelson Sargento e Alcione
   Se eu pudesse (Germano Augusto e Zé da Zilda) – Nelson Sargento e Alcione
6) Estação derradeira (Chico Buarque) – Alcione

TROCANDO EM MIÚDOS: SEIS VEZES CHICO

7) Piano na Mangueira (Tom Jobim, Chico Buarque) – Jamelão
8) Divina dama (Cartola) – Chico Buarque
9) Exaltação à Mangueira (Enéas Brites, Aloísio Augusto da Costa) – Chico Buarque, Nelson Sargento e Velha Guarda da Mangueira
10) Capital do samba (Zé Ramos) – Velha Guarda da Mangueira

EDU LOBO & CHICO BUARQUE – ÁLBUM DE TEATRO (1997)

1) Na carreira (Edu Lobo e Chico Buarque)
2) A história de Lily Braun (Edu Lobo e Chico Buarque)
3) Meio-dia, meia-lua (Edu Lobo e Chico Buarque)
4) Beatriz (Edu Lobo e Chico Buarque)
5) O circo místico (Edu Lobo e Chico Buarque)
6) Sobre todas as coisas (Edu Lobo e Chico Buarque)
7) A mulher de cada porto (Edu Lobo e Chico Buarque)
8) Meia-noite (Edu Lobo e Chico Buarque)
9) A bela e a fera (Edu Lobo e Chico Buarque)
10) A permuta dos santos (Edu Lobo e Chico Buarque)
11) Bancarrota blues (Edu Lobo e Chico Buarque)
12) Valsa brasileira (Edu Lobo e Chico Buarque)
13) Acalanto (Edu Lobo e Chico Buarque)
14) Tororó (Edu Lobo e Chico Buarque)
15) Choro bandido (Edu Lobo e Chico Buarque)
16) Salmo (Edu Lobo e Chico Buarque)
17) Oremus (Edu Lobo)

AS CIDADES (1998)

1) Carioca (Chico Buarque)
2) Iracema voou (Chico Buarque)
3) Sonhos sonhos são (Chico Buarque)
4) A ostra e o vento (Chico Buarque)
5) Xote de navegação (Dominguinhos e Chico Buarque)
6) Você, você (Guinga e Chico Buarque)
7) Assentamento (Chico Buarque)
8) Injuriado (Chico Buarque)
9) Aquela mulher (Chico Buarque)
10) Cecília (Luiz Cláudio Ramos e Chico Buarque)
11) Chão de esmeraldas (Chico Buarque e Hermínio Bello de Carvalho)

CHICO AO VIVO (1999)

1) Paratodos (Chico Buarque)
2) Amor barato (Francis Hime e Chico Buarque)
3) A noiva da cidade (Francis Hime e Chico Buarque)
4) A volta do malandro (Chico Buarque)
5) Homenagem ao malandro (Chico Buarque)
6) A ostra e o vento (Chico Buarque)
7) Sem você (Tom Jobim e Vinicius de Moraes)
8) Cecília (Chico Buarque e Luiz Cláudio Ramos)
9) Aquela mulher (Chico Buarque)
10) Sob medida (Chico Buarque)
11) O meu amor (Chico Buarque)
12) Terezinha (Chico Buarque)
13) Injuriado (Chico Buarque)
14) Quem te viu, quem te vê (Chico Buarque)
15) As vitrines (Chico Buarque)
16) Iracema voou (Chico Buarque)
17) Assentamento (Chico Buarque)
18) Como se fosse a primavera (Canción) (Pablo Milanés e Nicolás Guillén)
19) Cotidiano (Chico Buarque)
20) Bancarrota blues (Edu Lobo e Chico Buarque)
21) Xote de navegação (Chico Buarque e Dominguinhos)
22) Construção (Chico Buarque)
23) Sonhos sonhos são (Chico Buarque)
24) Carioca (Chico Buarque)
25) Capital do samba (Zé Ramos – José Marcelino Ramos) / Chão de esmeraldas (Chico Buarque e Hermínio Bello de Carvalho)
26) Futuros amantes (Chico Buarque)
27) Vai passar (Francis Hime e Chico Buarque)
28) João e Maria Chico Buarque e Sivuca)

O SAMBISTA (2000)

1) Feijoada completa (Chico Buarque)
2) Acorda amor (Julinho da Adelaide e Leonel Paiva)
3) Samba de Orly (Chico Buarque, Toquinho e Vinicius de Moraes)
4) O meu guri (Chico Buarque)
5) Samba do grande amor (Chico Buarque)
6) Homenagem ao malandro (Chico Buarque)
7) Meu caro amigo (Chico Buarque e Francis Hime)
8) Cotidiano (Chico Buarque)
9) Pelas tabelas (Chico Buarque)
10) Desalento (Chico Buarque e Vinicius de Moraes)
11) Deixe a menina (Chico Buarque)
12) Almanaque (Chico Buarque)
13) Apesar de você (Chico Buarque)
14) Vai passar (Francis Hime e Chico Buarque)

CAMBAIO – CHICO BUARQUE E EDU LOBO (2001)

1) Cambaio (Chico Buarque e Edu Lobo) – Lenine
2) Uma canção inédita (Chico Buarque e Edu Lobo) – Chico Buarque
3) Lábia (Chico Buarque e Edu Lobo) – Zizi Possi
4) A moça do sonho (Edu Lobo e Chico Buarque) – Edu Lobo
5) Ode aos ratos (Chico Buarque e Edu Lobo) – Chico Buarque
6) Quase memória (Edu Lobo)
7) Veneta (Chico Buarque e Edu Lobo) – Gal Costa
8) Noite de verão (Chico Buarque e Edu Lobo) – Edu Lobo
9) A fábrica (Edu Lobo)
10) Cantiga de acordar (Chico Buarque e Edu Lobo) – Chico Buarque, Edu Lobo e Zizi Possi

A MÚSICA BRASILEIRA DESTE SÉCULO POR SEUS AUTORES E INTÉRPRETES – CHICO BUARQUE (2002)

1) De volta ao samba (Chico Buarque)
2) Paratodos (Chico Buarque)
3) Yes sir, that's my baby (Walter Donaldson, Kahn)
4) Três apitos (Noel Rosa)
5) Choro bandido (Edu Lobo e Chico Buarque)
6) Gota d'água (Chico Buarque)
7) Quem te viu, quem te vê (Chico Buarque)
8) Pivete (Francis Hime e Chico Buarque)
9) A foto da capa (Chico Buarque)
10) Vai passar (Francis Hime e Chico Buarque)
11) Agora é cinza (Armando Vieira Marçal e Alcebíades Maia Barcellos)
12) Sem compromisso (Geraldo Pereira e Nelson Trigueiro)
13) Ilmo. Sr. Cyro Monteiro ou Receita pra virar casaca de neném (Chico Buarque)
14) Hino do Politheama (Chico Buarque)

DUETOS (2002)

1) Façamos (Vamos amar) (Let's do It, let's fall in love) (Cole Porter e vrs. Carlos Rennó) – Com Elza Soares
2) Desalento (Chico Buarque e Vinicius de Moraes) – Com Mestre Marçal
3) Sem você (Tom Jobim e Vinicius de Moraes) – Com Tom Jobim
4) Mar e lua (Mar Y Luna) (Chico Buarque e Victor Manuel San José) Com Ana Belén
5) Dueto (Chico Buarque) – Com Nara Leão
6) A mulher do Aníbal (Genival Macedo e Nestor de Paula) – Com Zeca Pagodinho
7) A rosa (Chico Buarque) – Com Sergio Endrigo
8) Até pensei (Chico Buarque) – Com Nana Caymmi
9) Seu Chopin, desculpe (Johnny Alf) – Com Johnny Alf
10) Yolanda (Pablo Milanés) – Com Pablo Milanés
11) Carcará (João do Vale e José Cândido) – Com João do Vale
12) Piano na Mangueira (Tom Jobim e Chico Buarque) – Com Dionne Warwick
13) Dinheiro em penca (Tom Jobim e Cacaso) – Com Miúcha e Tom Jobim
14) Não sonho mais (Chico Buarque) – Com Elba Ramalho

CHICO NO CINEMA (2005)

1) Noite dos mascarados (Chico Buarque)
2) Um chorinho (Chico Buarque)
3) Quando o carnaval chegar (Chico Buarque)
4) Caçada (Chico Buarque)
5) Baioque (Chico Buarque)
6) Soneto (Chico Buarque)
7) Mambembe (Chico Buarque)
8) Joana francesa (Chico Buarque)
9) Vai trabalhar, vagabundo (Chico Buarque)
10) A noiva da cidade (Francis Hime e Chico Buarque)
11) Quadrilha (Francis Hime e Chico Buarque)
12) Passaredo (Francis Hime e Chico Buarque)
13) O que será? (À flor da terra) (Chico Buarque)
14) Feijoada completa (Chico Buarque)
15) Sob medida (Chico Buarque)
16) Não sonho mais (Chico Buarque)
17) Bye bye Brasil (Roberto Menescal e Chico Buarque)
18) Linha de montagem (Chico Buarque e Novelli)
19) Eu te amo (Tom Jobim e Chico Buarque)
20) Piruetas (Chico Buarque, Luis Enriquez Bacalov e Sergio Bardotti)
21) Samba do grande amor (Chico Buarque)
22) Tanta saudade (Chico Buarque e Djavan)
23) Mil perdões (Chico Buarque)
24) A volta do malandro (Chico Buarque)
25) Sentimental (Chico Buarque)
26) Rio 42 (Chico Buarque)
27) Palavra de mulher (Chico Buarque)
28) Hino da repressão (Chico Buarque)
29) Trapaças (Chico Buarque)

DISCOGRAFIA, BIBLIOGRAFIA E PEÇAS DE CHICO BUARQUE

30) A ostra e o vento (Chico Buarque)
31) Dueto (Chico Buarque)
32) Porque era ela, porque era eu (Chico Buarque)

CARIOCA (2006)

1) Subúrbio (Chico Buarque)
2) Outros sonhos (Chico Buarque)
3) Ode aos ratos (Edu Lobo e Chico Buarque)
4) Dura na queda (Chico Buarque)
5) Porque era ela, porque era eu (Chico Buarque)
6) As atrizes (Chico Buarque)
7) Ela faz cinema (Chico Buarque)
8) Bolero blues (Jorge Helder e Chico Buarque)
9) Renata Maria (Ivan Lins e Chico Buarque)
10) Leve (Carlinhos Vergueiro e Chico Buarque)
11) Sempre (Chico Buarque)
12) Imagina (Tom Jobim e Chico Buarque)

CARIOCA AO VIVO (2007)

1) Voltei a cantar (Lamartine Babo)
2) Mambembe (Chico Buarque)
3) Dura na queda (Chico Buarque)
4) O futebol (Chico Buarque)
5) Morena de Angola (Chico Buarque)
6) Renata Maria (Ivan Lins e Chico Buarque)
7) Outros sonhos (Chico Buarque)
8) Imagina (Tom Jobim e Chico Buarque)
9) Porque era ela, porque era eu (Chico Buarque)
10) Sempre (Chico Buarque)
11) Mil perdões (Chico Buarque)
12) A história de Lily Braun (Edu Lobo e Chico Buarque)
13) A Bela e a Fera (Edu Lobo e Chico Buarque)
14) Ela é dançarina (Chico Buarque)
15) As atrizes (Chico Buarque)
16) Ela faz cinema (Chico Buarque)
17) Eu te amo (Tom Jobim e Chico Buarque)
18) Palavra de mulher (Chico Buarque)
19) Leve (Carlinhos Vergueiro e Chico Buarque)
20) Bolero blues (Jorge Helder e Chico Buarque)
21) As vitrines (Chico Buarque)
22) Subúrbio (Chico Buarque)
23) Morro Dois Irmãos (Chico Buarque)
24) Futuros amantes (Chico Buarque)
25) Bye, bye Brazil (Roberto Menescal e Chico Buarque)
26) Cantando no toró (Chico Buarque)
27) Grande hotel (Wilson das Neves e Chico Buarque)
28) Ode aos ratos (Edu Lobo e Chico Buarque)
29) Na carreira (Edu Lobo e Chico Buarque)

TROCANDO EM MIÚDOS: SEIS VEZES CHICO

30) Sem compromisso (Geraldo Pereira e Nelson Trigueiro)
31) Deixa a menina (Chico Buarque)
32) Quem te viu, quem te vê (Chico Buarque)
33) João e Maria (Sivuca e Chico Buarque)

DISCOGRAFIA, BIBLIOGRAFIA E PEÇAS DE CHICO BUARQUE

CIAO RAGAZZO – CHICO BUARQUE DE HOLLANDA E GLI AMICI ITALIANI (2011)

CD 1

1) Samba de Orly (instrumental) (Chico Buarque, Vinicius de Moraes e Toquinho) – Armando Corsi
2) Occhi negli occhi (Olhos nos olhos) (Chico Buarque vrs. Sergio Bardotti) – Antonella Serà
3) Ninna nanna (Acalanto) (Chico Buarque, Edu Lobo e vrs. Sergio Secondiano Sachi) – Grazia Di Michele
4) Anna di Amsterdam (Ana de Amsterdam) (Chico Buarque, Edu Lobo e vrs. Sergio Secondiano Sachi) – Grazia Di Michele
5) La banda passò (A banda) (Chico Buarque e vrs. Giorgio Conte)
6) Facendo i conti (Trocando em miúdos) (Chico Buarque, Francis Hime e vrs. Sergio Bardotti/Nini Giacomelli) – Tosca
7) Tatuaggio (Tatuagem) (Chico Buarque e vrs. Sergio Bardotti) Tosca
8) La francese (Joana Francesa) (Chico Buarque e vrs. Sergio Bardotti) – Vinicio Capossela
9) O que será (instrumental) (Chico Buarque) – Irio de Paula
10) Samba e amore (Samba e amor) (Chico Buarque e vrs. Sergio Bardotti) – Irio de Paula
11) Pedro pedreiro (Chico Buarque e vrs. Giorgio Calabrese/Enzo Jannacci) – Enzo Jannacci
12) La construzione (Construção) (Chico Buarque e vrs. Sergio Bardotti/ Enzo Jannacci) – Enzo Jannacci
13) Oh che sarà (O que será) (Chico Buarque vrs. Ivano Fossati) – Com Enzo Jannacci

TROCANDO EM MIÚDOS: SEIS VEZES CHICO

CD 2

1) A volta do malandro (Chico Buarque)
2) Samba do grande amor (Chico Buarque)
3) Futuros amantes (Chico Buarque)
4) Joana Francesa (Chico Buarque)
5) Eu te amo (Chico Buarque e Tom Jobim)
6) Quem te viu, quem te vê (Chico Buarque)
7) Ela desatinou (Chico Buarque)
8) Brejo da cruz (Chico Buarque)
9) Estação derradeira (Chico Buarque)
10) Genova per noi (Paolo Conte) – Chico Buarque
11) Vai passar (Chico Buarque e Francis Hime)
12) Anema e core (Domenico Titomanglio e Salve D'Esposito) – Chico Buarque

CHICO (2011)

1) Querido diário (Chico Buarque)
2) Rubato (Chico Buarque e Jorge Helder)
3) Essa pequena (Chico Buarque)
4) Tipo um baião (Chico Buarque)
5) Se eu soubesse (Chico Buarque) – Com Thaís Gulin
6) Sem você nº 2 (Chico Buarque)
7) Sou eu (Chico Buarque e Ivan Lins) – Com Wilson das Neves
8) Nina (Chico Buarque)
9) Barafunda (Chico Buarque)
10) Sinhá (Chico Buarque e João Bosco) – Com João Bosco

NA CARREIRA (AO VIVO) (2012)

CD 1

1) O velho Francisco (Chico Buarque)

2) De volta ao samba (Chico Buarque)

3) Desalento (Chico Buarque)

4) Injuriado (Chico Buarque)

5) Querido diário (Chico Buarque e Vinicius de Moraes)

6) Rubato (Chico Buarque e Jorge Helder)

7) Choro bandido (Edu Lobo e Chico Buarque)

8) Essa pequena (Chico Buarque)

9) Tipo um baião (Chico Buarque)

10) Se eu soubesse (Chico Buarque)

11) Sem você nº 2 (Chico Buarque)

12) Bastidores (Chico Buarque)

13) Todo o sentimento (Chico Buarque e Cristóvão Bastos)

14) O meu amor (Chico Buarque)

15) Teresinha (Chico Buarque)

CD2

1) Ana de Amsterdam (Chico Buarque e Ruy Guerra)

2) Anos dourados (Chico Buarque e Tom Jobim)

3) Sob medida (Chico Buarque)

4) Nina (Chico Buarque)

5) Valsa brasileira (Edu Lobo e Chico Buarque)

6) Geni e o zepelim (Chico Buarque)

7) Sou eu (Chico Buarque e Ivan Lins)

8) Tereza da praia (Tom Jobim, Billy Blanco)

9) Baioque (Chico Buarque)

DISCOGRAFIA, BIBLIOGRAFIA E PEÇAS DE CHICO BUARQUE

10) A violeira (Chico Buarque e Tom Jobim)
11) Rap de cálice (Chico Buarque, Gilberto Gil, adaptação de Criolo)
12) Sinhá (Chico Buarque e João Bosco)
13) Barafunda (Chico Buarque)
14) Futuros amantes (Chico Buarque)
15) Na carreira (Edu Lobo e Chico Buarque)

CARAVANAS (2017)

1) Tua cantiga (Chico Buarque e Cristóvão Bastos)
2) Blues pra Bia (Chico Buarque)
3) A moça do sonho (Chico Buarque e Edu Lobo)
4) Jogo de bola (Chico Buarque)
5) Massarandupió (Chico Buarque e Chico Brown)
6) Dueto (Chico Buarque) – Com Clara Buarque
7) Casualmente (Chico Buarque e Jorge Helder)
8) Desaforos (Chico Buarque)
9) As caravanas (Chico Buarque)

CARAVANAS AO VIVO (2018)

1) Minha embaixada chegou (Assis Valente)
2) Mambembe (Chico Buarque)
3) Partido alto (Chico Buarque)
4) Iolanda (Pablo Milanés e vrs. Chico Buarque)
5) Casualmente (Chico Buarque e Jorge Helder)
6) A moça do sonho (Edu Lobo e Chico Buarque)
7) Retrato em branco e preto (Tom Jobim e Chico Buarque)
8) Desaforos (Chico Buarque)
9) Injuriado (Chico Buarque)
10) Dueto (Chico Buarque)
11) A volta do malandro (Chico Buarque)
12) Homenagem ao malandro (Chico Buarque)
13) Palavra de mulher (Chico Buarque)
14) As vitrines (Chico Buarque)
15) Jogo de bola (Chico Buarque)
16) Massarandupió (Chico Brown e Chico Buarque)
17) Outros sonhos (Chico Buarque)
18) Blues pra Bia (Chico Buarque)
19) A história de Lily Braun (Edu Lobo e Chico Buarque)
20) A bela e a fera (Edu Lobo e Chico Buarque)
21) Todo o sentimento (Cristóvão Bastos e Chico Buarque)
22) Tua cantiga (Cristóvão Bastos e Chico Buarque)
23) Sabiá (Tom Jobim e Chico Buarque)
24) Grande hotel (Chico Buarque e Wilson das Neves)
25) Gota d'água (Chico Buarque)
26) As caravanas (Chico Buarque)
27) Estação derradeira (Chico Buarque)
28) Minha embaixada chegou (Assis Valente)
29) Geni e o Zepelim (Chico Buarque)
30) Futuros amantes (Chico Buarque)
31) Paratodos (Chico Buarque)

Bibliografia

Fazenda modelo. Rio de Janeiro: Civilização Brasileira, 1974.

Chapeuzinho Amarelo. Rio de Janeiro: José Olympio, 1979.

A bordo do Rui Barbosa (com Vallandro Keating). São Paulo: Palavra e Imagem, 1981.

Estorvo. São Paulo: Companhia das Letras, 1991.

Benjamim. São Paulo: Companhia das Letras, 1995.

Budapeste. São Paulo: Companhia das Letras, 2003.

Leite derramado. São Paulo: Companhia das Letras, 2009.

O irmão alemão. São Paulo: Companhia das Letras, 2014.

Essa gente. São Paulo: Companhia das Letras, 2019.

Anos de chumbo. São Paulo: Companhia das Letras, 2021.

Peças

Roda Viva, 1967
Calabar: o elogio da traição (com Ruy Guerra), 1973
Gota d'água (com Paulo Pontes), 1975
Ópera do malandro, 1978
O Grande Circo Místico (com Edu Lobo), 1983.

ÍNDICE ONOMÁSTICO

A

Aécio Neves, 59
Agnaldo Rayol, 137
Alberico Campana, 115
Albert Camus, 73
Alceu Valença, 43-44
Alcir Pécora, 94, 97
Aldir Blanc, 142
almirante Tamandaré, 13, 160
Aloísio Mercadante, 50
Aloysio de Oliveira, 105
Álvaro Buarque de Hollanda, 72, 179
Amália Lucy Geisel, 14, 165
Ana de Hollanda, 54-59, 71-72, 92, 105-06, 173
Ana Maria Magalhães, 87
André Gide, 73
André Midani, 31
Anne Ernst, 93
Antonio Callado, 36, 45-46
Antonio Candido, 42, 54, 73-74
Antonio Carlos Magalhães, 12, 40
Antônio de Pádua Chagas Freitas, 39
Antonio Palocci, 58
Antonio Pitanga, 196
Arthur Günther, 93
Artur da Costa e Silva, 137
Ary Toledo, 160
Assis Chateaubriand, 91
Ataulfo Alves, 170
Augusto de Campos, 74
Augusto Nunes, 65

B

Baden Powell, 104
Barack Obama, 53
Bárbara Oppenheimer, 147-48
Benedicto Lacerda, 173
Betinho (Herbert de Souza), 46
Betty Faria, 163
Bia Corrêa do Lago, 83-84
Bibo Nunes, 63
Billie Holiday, 28
Boni (José Bonifácio de Oliveira Sobrinho), 152-54
Boris Fausto, 124
Boris Schnaiderman, 73
Branca Di Neve (Nelson Fernando de Moraes), 191

C

Cacá Diegues, 30, 44, 60-61, 95, 167, 197
Caetano Veloso, 11, 14-15, 37, 48, 53-54, 62-63, 113, 115, 123-26, 133-40, 142, 148, 153-54, 168-69, 171
Caio Prado Júnior, 42
Canhoteiro (José Ribamar de Oliveira), 182
Carla Zambelli, 65
Carlinhos Brown, 127
Carlinhos Vergueiro, 190-91, 194
Carlito Maia, 45
Carlos Alberto Torres, 180
Carlos de Sá Moreira, 22-23

TROCANDO EM MIÚDOS: SEIS VEZES CHICO

Carlos Drummond de Andrade, 73, 92, 95, 166, 198
Carol Proner, 128, 196
Cartola, 173
Castilho (Carlos José Castilho), 179-80
Celina Sjostedt, 119-20
Celly Campello, 126
César Faria, 186
Chico Batera (Francisco José Tavares de Souza), 188-90
Chico Brown (Francisco Buarque de Freitas), 270, 271
Clara Nunes, 189
Clarice Lispector, 73, 96-97
Claudette Soares, 11, 104-05
Cláudia Faissol, 118
Cora Rónai, 149
Coriolano Loyola Fagundes, 168-69
Cristina Buarque, 105-06
Cynara e Cybele, 91, 137

D

Dalton Trevisan, 97
Daniel Filho, 154
Daniela Rodrigues, 26
Dante de Oliveira, 39
Décio de Almeida Prado, 74
Dedé Gadelha, 126
Delfim Netto, 167
Dercy Gonçalves, 79
Dias Gomes, 153
Dilma Rousseff, 12, 53-60, 62, 90
Djavan, 11, 123
Dona Canô (Claudionor Viana Teles Veloso), 53-54
Dori Caymmi, 87, 134-36, 163
Duda Mendonça, 50

E

Edney Silvestre, 89-90
Edu Lobo, 21, 120, 134-36, 140-41, 150

Eduardo Bolsonaro, 64-65
Eduardo Cunha, 60
Eduardo Díaz Betancourt, 45
Eduardo Leite, 64
Eduardo Suplicy, 41, 43
Egberto Gismonti, 150
Elba Ramalho, 191
Eleonora Mendes Caldeira, 15, 116
Elifas Andreato, 191-92
Elis Regina, 11, 107-08, 134-36, 140-45
Elizeth Cardoso, 145
Elza Soares, 11, 182-83
Emílio Garrastazu Médici, 13, 32, 162-63, 165, 167, 183
Emir Sader, 56
Ênio Silveira, 75-76
Erasmo Carlos, 119, 123
Ernani Alvarenga, 173
Ernesto Geisel, 14, 32-36, 165
Errol Flynn, 35
Euclides da Cunha, 88

F

F. Scott Fitzgerald, 73
Faustão (Fausto Silva), 89
Fernanda Montenegro, 56
Fernando Collor de Mello, 45-47
Fernando Faro, 192-93
Fernando Haddad, 58-59, 62
Fernando Henrique Cardoso (FHC), 12, 35, 41-44, 47-50, 52-53
Fernando Lyra, 167
Fernando Peixoto, 163
Fernando Sabino, 73
Fernando Torres, 163-64
Fidel Castro, 25, 45
Fiódor Dostoiévski, 73
Flávio Rangel, 147
Formigão (Ciro Monteiro), 145, 184-85
Fortuna (Reginaldo José Azevedo Fortuna), 147

ÍNDICE ONOMÁSTICO

Francis Hime, 13, 134, 141, 192
Franco Montoro, 35
Frank Sinatra, 110
Franklin Martins, 54
Franz Kafka, 75
Frei Betto, 45

G
Gabriella Hámori, 87-88
Gal Costa (Gracinha), 11, 139-40, 142
Garrincha, 16, 182-83
George Orwell, 75-76
Geraldo Vandré, 25, 91, 106, 109, 140
Getúlio Vargas, 38, 95, 143
Gianfrancesco Guarnieri, 141
Giba Um (Gilberto Luiz Di Pierro), 76
Gilberto de Carvalho, 58
Gilberto Gil, 11, 14-15, 37, 48, 56, 59, 62, 123-26, 133-40, 142, 148-49, 153
Glauber Rocha, 31, 35
Golbery do Couto e Silva, 37-38
Graciliano Ramos, 73
Guido Mantega, 50
Guimarães Rosa, 73-75, 78
Guinga (Carlos Althier de Sousa Lemos Escobar), 16, 191, 196
Günter Lorenz, 78
Gustave Flaubert, 73
Gustavo Capanema, 92
Guttemberg Guarabyra, 150

H
Hebe Camargo, 14, 135
Helena Buarque, 118, 127
Helena Hungria, 105
Hélio Bicudo, 60
Hélio Pellegrini, 42
Heloisa Faissol, 118
Henfil (Henrique de Souza Filho), 141, 147-48

Henrique Meirelles, 50
Henrique Pongetti, 73
Honoré de Balzac, 73
Honório Severo, 169
Hugo Carvana, 117
Hyldon de Souza Silva, 16, 193-95

I
Ignácio de Loyola Brandão, 80-81
Ismael Silva, 173
Itamar Franco, 47
Ivete Vargas, 38

J
Jaguar (Sérgio de Magalhães Gomes Jaguaribe), 146-49
Jair Messias Bolsonaro, 16, 57, 62-65, 95
Jair Rodrigues, 109, 136, 193
Janaína Paschoal, 60
Jane Morais (Jane Vicentina), 170
Jânio Quadros, 41-44
Jarbas Passarinho, 31-32
Jean-Luc Godard, 167-69
Jean-Paul Sartre, 73
Jesus Cristo, 163, 167, 198
Jô Soares, 85
João Baptista Figueiredo, 35-37, 40-41, 163, 167, 195
João Bosco, 142
João Cabral de Melo Neto, 73, 107
João Carlos Magaldi, 154
João Carlos Müller, 162-63, 166
João de Barro (Braguinha), 106-07
João do Vale, 188-89
João Gilberto Noll, 80
João Gilberto, 28, 103, 118, 133
João Goulart (Jango), 24
João Leão, 107
João Paulo II, papa, 167, 180
João Tancredo, 65

TROCANDO EM MIÚDOS: SEIS VEZES CHICO

João Ubaldo Ribeiro, 124
Joaquim de Alcântara Machado, 22-24
Jonathan Franzen, 91, 94
Jonathan Swift, 75
Jorge Amado, 74
Jorge Ben Jor, 14, 140, 146, 193
Jorge de Oliveira Jobim, 146
José Carlos Capinam, 151
José Castello, 93
José Dirceu, 45, 50-51
José Geraldo Couto, 85
José Henrique Fonseca, 78
José Lins do Rego, 73
José Sarney, 40-41, 44, 95, 167-68
José Serra, 53, 55
Josef Stalin, 76
Joseph Goebbels, 63
Juca Chaves, 103, 126
Juca Ferreira, 56-57, 59
Julinho da Adelaide (pseudônimo de
   Chico Buarque), 13-14, 33, 79, 150,
   164-65

L

Lamartine Babo, 163, 186
Lauro César Muniz, 153
Leonel Brizola, 12, 21, 25, 38-39, 44-45
Leonel Paiva (pseudônimo de Chico
   Buarque), 13
Lima Barreto, 73
Louis-Ferdinand Céline, 73
Lourival de Freitas, 112-14
Luciana Villas-Boas, 90
Luciano Hang, 65
Lucio Dalla, 163
Luis Fernando Verissimo, 124
Luísa Buarque, 118
Luisa Carolina Gilberto, 118
Luiz Carlos Miéle, 191
Luiz de França Oliveira, 151

Luiz Inácio Lula da Silva (Lula), 13, 38,
   41, 43-44, 47, 49-58, 62, 65-66, 134
Luiz Melodia, 197
Luiz Schwarcz, 78-79, 82, 85, 87, 90, 93
Lupicínio Rodrigues, 173

M

Machado de Assis, 73
Manoel Barenbein, 162
Manoel Carlos, 108, 110
Manuel Bandeira, 73, 92-93
Mara Magaña, 126
Marcos Frederico, 61
Marcos Valle, 141, 151
Maria Amélia Buarque de Hollanda, 13,
   23, 28, 42, 53-55, 91-92, 106, 117, 173-
   74, 179
Maria Bethânia, 11, 33, 142, 168-69
Maria Callas, 109
Maria do Carmo Buarque (Pií), 105-06,
   179
Maria Helena Martinez Corrêa, 29
Marieta Severo, 29-31, 79, 82, 87, 117-19,
   151-53, 183
Marilena Chauí, 56
Marília Pêra, 29
Marina Silva, 53
Mário Covas, 44
Mário de Andrade, 73
Mário F. Russomanno, 30
Mário Frias, 63
Mário Lago, 170
Mário Reis, 108, 150
Mário Soares, 48
Marisa Letícia Lula da Silva, 54
Marly Sarney, 168
Marta Porto, 58
Marta Suplicy, 58
Martha Alencar, 147-48
Martinho da Vila, 62

ÍNDICE ONOMÁSTICO

Merval Pereira, 95
Miguel de Cervantes, 75
Miguel Faria Jr., 188
Miguel Paiva, 147
Miguel Reale Júnior, 60
Millôr Fernandes, 145-49
Milton Nascimento, 11, 123, 142, 149
Miro Teixeira, 12, 21, 38-39
Miúcha (Heloísa Maria Buarque de
    Hollanda), 28, 106, 113, 153, 173
Mônica Bergamo, 119
Mônica Ribeiro Teixeira, 65
Moraes Moreira, 191
Moreira Franco, 39

N
Nara Leão, 11-13, 25, 30, 38-39, 107-10,
    113-14, 140-41, 143, 145, 169-71, 189
Nei Braga, 33
Nelson Motta, 126, 135-36
Nelson Rodrigues, 26-27, 29
Ney Matogrosso, 11, 138
Nicole Krauss, 91
Nikolas Ferreira, 65
Norma Bengell, 137

O
Odete Lara, 13, 87, 108, 160-61
Odilon Ferreira, 114
Olavo de Carvalho, 63
Olympio Faissol, 118
Oscar Bigode, 186
Oscar Niemeyer, 108
Osmar Santos, 191-92
Oswald de Andrade, 73
Otto Maria Carpeaux, 74

P
padre Cláudio, 23
Pagão (Paulo César Araújo), 179-80, 182,
    197

Paola Pallottino, 163
Paula Lavigne, 123
Pauline Günther, 93
Paulinho da Viola, 16, 150, 186-87
Paulinho Machado de Carvalho, 109, 135
Paulo Amorim, 112
Paulo César de Araújo, 123-25
Paulo César Ferreira, 151-52
Paulo César Pereio, 27
Paulo César Pinheiro, 174
Paulo Coelho, 81
Paulo Delgado, 45
Paulo Francis, 147
Paulo Maluf, 39
Paulo Mendes Campos, 73
Paulo Sérgio Valle, 141, 151
Pedro Américo, 146
Pelé (Edson Arantes do Nascimento),
    179-80, 182, 197
Pepe (José Macia), 179-80
Pepeu Gomes, 191
Píndaro (Píndaro Possidente Marconi),
    179
Pinheiro (João Carlos Batista Pinheiro),
    179
Plínio Corrêa de Oliveira, 22

R
Raphael Magalhães, 44
Raul Seixas, 142
Regina Duarte, 63
Ricardo Sjostedt (Duna), 119
Rita Gullo, 81
Rita Lee, 142, 168-69
Rivellino (Riva), 180, 183, 193
Roberto Alvim, 63
Roberto Carlos, 109, 123-25, 136, 140,
    167-68
Roberto de Oliveira, 143, 145
Roberto Freire, 107
Roberto Marinho, 153

TROCANDO EM MIÚDOS: SEIS VEZES CHICO

Roberto Schwarz, 80
Rodrigo Faour, 174
Rodrigo Paiva, 195
Ronaldo Bôscoli, 144
Roni Berbert de Castro, 139
Roseana Sarney, 44
Rubem Braga, 73
Rubem Fonseca (Zé Rubem), 73, 78-80, 82-83, 87, 97
Ruy Castro, 124
Ruy Guerra, 75, 151, 163

S

Sándor Márai, 88
Sandra Gadelha, 137
Sérgio Augusto, 148
Sérgio Buarque de Holanda, 12, 21-22, 35-36, 41, 71-75, 91-95, 97-98, 110, 146, 179
Sergio Buarque de Hollanda Filho (Sergito), 72
Sérgio Cabral, 147-48
Sérgio Ernst, 93-94
Sérgio Machado, 89-91
Sérgio Mendes, 144
Sérgio Reis, 64
Sérgio Ricardo, 151
Sérgio Sant'Anna, 97
Shigeaki Ueki, 167
Sidney Sheldon, 81
Silvia Buarque (Silvinha), 78-79, 82-83, 172, 185-86
Silvio Santos, 89
Sócrates (Magrão), 182, 191-92
Solano Ribeiro, 108
Stendhal (Henri-Marie Beyle), 73
Sylvio Frota, 34

T

Tabajara Ramos, 166
Tancredo Neves, 38-42, 44
Tarso de Castro, 12, 114, 117, 119, 147-48
Tavares de Miranda, 141-42
Theo de Barros, 109
Tom Jobim, 78, 91-93, 105, 112-14, 118-19, 133, 143-46, 150, 153, 189, 197-98
Tom Zé, 14, 135-36
Toquinho, 135, 150, 190-93

U

Ulysses Guimarães, 33-35, 38, 44

V

Vinicius Cantuária, 190-91
Vinicius de Moraes, 31, 92-93, 104, 111-13, 144, 150
Vitor Velloso, 61

W

Waldomiro Diniz, 50
Walter Carvalho, 88
Wilson Martins, 80-81, 85
Wilson Simonal, 193

X

Xuxa, 89

Z

Zé Celso (José Celso Martinez Corrêa), 11, 27-28
Zélia Cardoso de Mello, 46
Ziraldo, 147, 149
Zuenir Ventura, 136

Este livro foi composto na tipografia Minion Pro,
em corpo 11/15,5, e impresso em papel off-white
no Sistema Cameron da Divisão Gráfica
da Distribuidora Record.